Eine Mummergeschichte

Anatole France

(Übersetzer: Charles E. Roche)

Writat

Diese Ausgabe erschien im Jahr 2024

ISBN: 9789359942568

Herausgegeben von
Writat
E-Mail: info@writat.com

Inhalt

KAPITEL I

Die Szene war das Ankleidezimmer einer Schauspielerin im Odéon.

Félicie Nanteuil, ihr Haar gepudert, mit blauen Augenlidern, Rouge auf Wangen und Ohren und Weiß an Hals und Schultern, streckte Madame Michon, der Kommode, ihren Fuß hin, die ein Paar kleine schwarze Pantoffeln anzog mit roten Absätzen. Dr. Trublet, der Arzt des Theaters und ein Freund der Schauspielerin, legte seinen kahlen Schädel auf ein Kissen des Diwans, die Hände auf dem Bauch gefaltet und die kurzen Beine übereinandergeschlagen.

„Was sonst, mein Lieber?" er erkundigte sich bei ihr.

„Oh, ich weiß nicht! Erstickungsanfälle, Schwindelgefühle und plötzlich ein quälender Schmerz, als würde ich sterben. Das ist das Schlimmste von allem."

„Haben Sie manchmal das Gefühl, dass Sie ohne ersichtlichen Grund, über gar nichts, lachen oder weinen müssen?"

„Das kann ich dir nicht sagen, denn in diesem Leben gibt es so viele Gründe zum Lachen oder Weinen!"

„Neigen Sie Schwindelanfällen?"

„Nein. Aber denken Sie nur, Herr Doktor, nachts sehe ich eine imaginäre Katze unter den Stühlen oder dem Tisch, die mich mit feurigen Augen anstarrt!"

„Versuchen Sie, nicht mehr von Katzen zu träumen", sagte Madame Michon, „denn das ist ein schlechtes Omen. Eine Katze zu sehen ist ein Zeichen dafür, dass Sie von Freunden verraten oder von einer Frau getäuscht werden."

„Aber ich sehe eine Katze nicht im Traum! Ich sehe sie immer, wenn ich hellwach bin!"

Trublet, der nur einmal im Monat im Odéon zu Gast war, kam fast jeden Abend als Freund vorbei. Er mochte die Schauspielerinnen, plauderte gern mit ihnen, gab ihnen gute Ratschläge und hörte sich ihre vertraulichen Gespräche mit Feingefühl an. Er versprach Félicie, ihr sofort ein Rezept auszustellen.

„Wir kümmern uns um den Magen, mein liebes Kind, und du wirst keine Katzen mehr unter den Stühlen und Tischen sehen."

Madame Michon war gerade dabei, das Korsett der Schauspielerin zurechtzurücken. Der Arzt sah ihr plötzlich düster zu, wie sie an den Schnüren zupfte.

„Schau nicht finster", sagte Félicie. „Ich bin nie eng geschnürt. Mit meiner Taille wäre ich sicherlich ein Narr, wenn ich es wäre." Und sie fügte hinzu und dachte an ihre beste Freundin im Theater: „Es ist alles sehr gut für Fagette, die keine Schultern und keine Hüften hat; sie ist einfach auf und ab gerade. Michon, du kannst noch etwas fester ziehen. Ich weiß, dass du es bist ." Ich bin kein Liebhaber von Taillen, Doktor. Trotzdem kann ich keine Puckbänder tragen wie diese ästhetischen Kreaturen, und Sie werden sehen, dass ich mich nicht zu sehr einschnüre.

Er bestritt, dass er Aufenthalten feindlich gesinnt sei; er verurteilte sie nur, wenn sie zu eng geschnürt waren. Er bedauerte die Tatsache, dass Frauen keinen Sinn für die Harmonie der Linie haben sollten; dass sie mit der Schmalheit der Taille eine Vorstellung von Anmut und Schönheit assoziieren sollten, ohne sich darüber im Klaren zu sein, dass ihre Schönheit ausschließlich in den Modulationen liegt, durch die der Körper, nachdem er die herrliche Ausdehnung von Brust und Busen gezeigt hat, sich unterhalb des Brustkorbs allmählich verjüngt, um ihn zu verherrlichen sich in der ruhigen und großzügigen Breite der Flanken.

„Die Taille", sagte er, „die Taille, da man sich dieses abscheulichen Wortes bedienen muss, sollte ein allmählicher, unmerklicher, sanfter Übergang von einer zur anderen der beiden Herrlichkeiten der Frau sein, ihrem Busen und ihrem Mutterleib, und Dummheit." Erwürge es, du stichst in den Brustkorb, wodurch die Brüste in Mitleidenschaft gezogen werden, du glättest deine unteren Rippen und du pflügst eine schreckliche Furche über dem Nabel. Die Negerinnen, die ihre Zähne bis zu einer Spitze abfeilen und ihre Lippen aufspalten. Um eine Holzscheibe einzuführen, entstellen sie sich auf eine weniger barbarische Art und Weise, denn schließlich bleibt einem Geschöpf, das Ringe im Nasenknorpel trägt und dessen Lippe durch eine kreisförmige Scheibe aus Mahagoni aufgeweitet wird, noch etwas weiblicher Glanz erhalten so groß wie dieser Pomadetopf, aber die Verwüstung ist vollkommen, wenn die Frau ihre Verwüstungen in das heilige Zentrum ihres Reiches trägt.

Er beschäftigte sich mit einem Lieblingsthema und zählte eine nach der anderen die Deformierungen der Knochen und Muskeln auf, die durch das Tragen von Korsetts verursacht wurden, in mal phantasievollen, mal präzisen, mal skurrilen, mal traurigen Ausdrücken.

Nanteuil lachte, während sie zuhörte. Sie lachte, weil sie als Frau die Neigung verspürte, über körperliche Unschönheit oder Armut zu lachen; denn da sie alles auf ihre eigene kleine Welt von Schauspielern und Schauspielerinnen bezog, erinnerte sie jede einzelne Missbildung, die der Arzt beschrieb, an irgendeinen Kameraden aus der Schule und prägte sich wie eine Karikatur in ihr Gedächtnis ein. Da sie wusste, dass sie selbst eine gute Figur hatte, erfreute sie sich an ihrem eigenen jungen Körper, während sie sich all diese Demütigungen des Fleisches vorstellte. Mit einem schallenden Lachen durchquerte sie die Umkleidekabine auf den Arzt zu und zog Madame Michon mit sich, die ihre Schnürsenkel wie Zügel festhielt, mit dem Aussehen einer Zauberin, die an einen Hexensabbat entführt wird.

„Hab keine Angst!" Sie sagte.

Und sie wandte ein, dass Bäuerinnen, die nie Hemden trugen, eine weitaus schlechtere Figur hätten als Frauen aus der Stadt.

Der Arzt schimpfte erbittert gegen die westlichen Zivilisationen wegen ihrer Verachtung und Unkenntnis der natürlichen Schönheit.

Trublet, im Schatten von Saint-Sulpice geboren, war als junger Mann nach Kairo gegangen, um dort zu praktizieren. Aus dieser Stadt brachte er ein wenig Geld, ein Leberleiden und Kenntnisse über die verschiedenen Bräuche der Menschheit mit. Als er in reifem Alter in sein eigenes Land zurückkehrte, verließ er kaum seine alte Rue de Seine und genoss sein Leben in vollen Zügen, außer dass es ihn ein wenig deprimierte, zu sehen, wie wenig seine Zeitgenossen in der Lage waren, die beklagenswerten Missverständnisse zu erkennen, die ihn verursachten Achtzehn Jahrhunderte hatten die Menschheit im Widerspruch zur Natur gehalten.

Es klopfte an der Tür.

"Ich bin es nur!" rief eine Frauenstimme im Durchgang.

Félicie schlüpfte in ihren rosa Unterrock und flehte den Arzt an, die Tür zu öffnen.

Madame Doulce tritt auf, eine Dame, die ihrem massigen Körper freien Lauf ließ, obwohl es ihr schon lange gelungen war, ihn auf den Brettern zusammenzuhalten und ihn dazu zu zwingen, die Würde anzunehmen, die aristokratischen Müttern zusteht.

„Nun, meine Liebe! Wie geht's, Doktor! Félicie, Sie wissen, dass ich nicht der Typ bin, der Komplimente macht. Dennoch habe ich Sie vorgestern gesehen, und das versichere ich Ihnen im zweiten Teil von *La Mère Confidente* Sie haben einige hervorragende Akzente gesetzt, die alles andere als leicht umzusetzen sind."

Mit lächelnden Augen wartete Nanteuil – wie es immer der Fall ist, wenn man ein Kompliment erhalten hat – auf ein anderes.

Madame Doulce, durch Nanteuils Schweigen so eingeladen, murmelte noch einige weitere lobende Worte:

„...hervorragende Aufmerksamkeit, wirklich individuelles Geschäft!"

„Glauben Sie wirklich, Madame Doulce? Freut mich, das zu hören, denn ich fühle die Rolle nicht. Und dann bringt mich diese großartige Perrin-Frau völlig aus der Fassung. Das ist eine Tatsache. Wenn ich auf den Knien der Kreatur sitze, löst es in mir Gefühle aus." als ob – Du kennst nicht all die Schrecken, die sie mir ins Ohr flüstert, während wir auf der Bühne sind hinten rechts?"

„Mein liebes Kind", rief Trublet begeistert, „du hast gerade etwas wirklich Bewundernswertes gesagt."

"Was?" fragte Nanteuil einfach.

„Sie sagten: ‚Ich verstehe alles, aber es gibt einige Dinge, die mich abstoßen.' Du verstehst alles; die Gedanken und Handlungen der Menschen erscheinen dir als besondere Beispiele der universellen Mechanik, aber du hegst weder Hass noch Wut. Aber es gibt Dinge, die dich abstoßen, und das ist es Zutiefst wahr, dass Moral eine Frage des Geschmacks ist. Ich könnte mir wünschen, dass die Akademie der Moralwissenschaften genauso vernünftig denken würde wie Sie. Ja, Sie haben völlig Recht Es ist ebenso sinnlos, sie dafür verantwortlich zu machen, wie Milchsäure dafür verantwortlich zu machen, dass sie eine Säure mit gemischten Eigenschaften ist."

"Worüber redest du?"

„Ich sage, dass wir keinem menschlichen Gedanken oder Handeln mehr Lob oder Tadel zuschreiben können, wenn uns erst einmal die Unvermeidlichkeit solcher Gedanken und Handlungen bewiesen wurde."

„Sie sind also mit der Moral dieses Perrin-Gotts einverstanden, nicht wahr? Sie, ein Mitglied der Ehrenlegion! Eine nette Sache, gewiss!"

Der Arzt richtete sich auf.

„Mein Kind", sagte er, „schenke mir einen Moment Aufmerksamkeit; ich werde dir eine lehrreiche Geschichte erzählen:

„Früher war die menschliche Natur eine andere als heute. Damals gab es nicht nur Männer und Frauen, sondern auch Hermaphroditen, also Wesen, in denen die beiden Geschlechter vereint waren. Diese drei Arten von Menschen besaßen." Vier Arme, vier Beine und zwei Gesichter waren robust und drehten sich schnell um ihre eigenen Achsen, genau wie Räder. Ihre Stärke inspirierte sie zu Kühnheit, mit den Göttern zu kämpfen und dabei dem Beispiel der Riesen, Jupiter, zu folgen solche Unverschämtheit –"

„Michon, hängt mein Unterrock links nicht zu tief?" fragte Nanteuil.

„Beschlossen", fuhr der Arzt fort, „sie weniger stark und weniger kühn zu machen. Er teilte jeden in zwei Teile, so dass sie jetzt nur noch zwei Arme, zwei Beine und einen Kopf hatten, und von da an wurde die Menschheit zu dem, was sie ist." Folglich ist jeder von uns nur die Hälfte eines Menschen, getrennt von der anderen Hälfte, so wie man eine Seezunge in zwei Teile teilt. Diese Hälften suchen immer die Liebe, die wir für die andere Hälfte erfahren. Ein anderer ist nichts anderes als eine unsichtbare Kraft, die uns dazu drängt, unsere beiden Hälften wieder zu vereinen, um unsere ursprüngliche Vollkommenheit wiederherzustellen. Diese Männer, die aus den Spaltungen der Hermaphroditen hervorgegangen sind, lieben Frauen Frauen, die aus der Abteilung der primitiven Frauen hervorgehen, schenken Männern nicht viel Aufmerksamkeit, sondern fühlen sich zu ihrem eigenen Geschlecht hingezogen. Seien Sie also nicht überrascht, wenn Sie sehen –"

„Haben Sie diese wertvolle Geschichte erfunden, Doktor?" fragte Nanteuil und steckte eine Rose in ihr Mieder.

Der Arzt beteuerte, er habe kein Wort davon erfunden. Im Gegenteil, er habe einen Teil der Geschichte ausgelassen, sagte er.

"So viel besser?" rief Nanteuil. „Denn ich muss Ihnen sagen, dass die Person, die es erfunden hat, nicht besonders brillant ist."

„Er ist tot", bemerkte Trublet.

Nanteuil drückte noch einmal ihren Abscheu gegenüber ihrer Mitschauspielerin aus, aber Madame Doulce, die umsichtig war und gelegentlich *ein Déjeuner* mit Jeanne Perrin machte, wechselte das Thema.

„Nun, mein Schatz, du hast also die Rolle der Angélique übernommen. Denk nur daran, was ich dir gesagt habe: Deine Gesten sollten etwas zurückhaltend sein und du selbst ein wenig steif. Das ist das Geheimnis des *Ingénue* . Hüte dich vor deiner charmanten Natur." Geschmeidigkeit. Junge Mädchen in einem „Stock"-Stück sollten nur ein wenig wie eine Puppe aussehen. Das Kostüm erfordert es vor allem, wenn man in „ *La Mère" spielt* . das ist ein entzückendes Stück –"

„Oh", unterbrach Félicie, „solange ich eine gute Rolle spiele, ist mir das Stück völlig egal. Außerdem bin ich nicht besonders in Marivaux verliebt – Worüber lachen Sie, Doktor? Habe ich." Meinen Fuß hineinstecken? Ist *La Mère Confidente nicht* von Marivaux?"

„Natürlich ist es das!"

„Na dann? Du versuchst immer, mich durcheinander zu bringen. Ich habe gesagt, dass Angélique mir auf die Nerven geht. Ich hätte lieber einen Teil mit mehr Fleisch drin, etwas Außergewöhnliches. Besonders an diesem Abend macht mir dieser Teil eine Gänsehaut ."

„Umso wahrscheinlicher, dass du darin gut zurechtkommst, mein Liebling", sagte Madame Doulce. „Niemals dringen wir tiefer in unsere Rollen ein, als wenn wir es mit Gewalt und gegen unseren Willen tun. Ich könnte Ihnen viele Beispiele nennen. Ich selbst habe in *La Vivandière d'Austerlitz* das Haus durch meine Fröhlichkeit im Ton in Erstaunen versetzt, als mir gerade mitgeteilt wurde, dass mein Doulce, ein so großartiger Künstler und ein so guter Ehemann, im Orchester des Odéon einen epileptischen Anfall erlitten hatte, als er gerade sein Kornett in die Hand nahm.

„Warum bestehen sie darauf, dass ich nichts anderes als ein *Ingenie bin* ?" fragte Nanteuil, der die verliebte Frau, die brillante Kokette und jede Rolle spielen wollte, die eine Frau spielen konnte.

„Das ist ganz natürlich", beharrte Madame Doulce. „Komödie ist eine nachahmende Kunst; und man imitiert eine Kunst umso besser, wenn man sie selbst nicht spürt."

„Täusche dich nicht, mein Kind", sagte der Arzt zu Félicie. „Einmal ein *Ingénue* , immer ein *Ingénue* . Man wird als Angélique oder Dorine, als Célimène oder Madame Pernelle geboren. Auf der Bühne sind manche Frauen immer zwanzig, andere immer dreißig, wieder andere immer sechzig. Was Sie betrifft, Mademoiselle Nanteuil, Sie werden immer achtzehn sein und Sie werden immer ein *Ingénue sein* .

„Ich bin mit meiner Arbeit ganz zufrieden", antwortete Nanteuil, „aber man kann nicht erwarten, dass ich alle *Ingénues mit der gleichen Freude spiele. Es gibt zum Beispiel eine Rolle, die ich unbedingt spielen möchte, und das ist Agnès in L'École. " des femmes* .

Bei der bloßen Erwähnung des Namens Agnès murmelte der Arzt entzückt zwischen seinen Kissen:

> „Was hast du jemals getan, um dich auf die Welt zu bringen?"

„Agnès, das ist ein Teil, wenn du so willst!" rief Nanteuil. „Ich habe Pradel gebeten, es mir zu geben."

Pradel, der Intendant des Theaters, war ein ehemaliger Komiker, ein aufgeweckter, freundlicher Kerl, der seine Illusionen abgelegt hatte und keine übertriebenen Hoffnungen hegte. Er liebte Frieden, Bücher und Frauen. Nanteuil hatte allen Grund, gut über Pradel zu sprechen, und sie bezog sich auf ihn ohne jedes Gefühl von Groll und mit offener Direktheit.

„Es war beschämend, ekelhaft, schrecklich von ihm", sagte sie. „Er ließ mich die Rolle der Agnès nicht spielen und gab Falempin die Rolle. Allerdings muss ich sagen, dass ich, als ich ihn gefragt habe, nicht den richtigen Weg eingeschlagen habe. Sie weiß zwar, wie man ihn angeht, wenn man so will!" Aber was kümmert es mich! Wenn Pradel mich nicht die Rolle der Agnès spielen lässt, kann er in die Zweiergruppe gehen, und zwar auch in seine dreckige Kasperle-Show!"

Madame Doulce verschwendete weiterhin ihre unbeachteten Gebote. Sie war eine angesehene Schauspielerin, aber sie war alt und erschöpft und erhielt keine Engagements mehr. Sie gab Anfängern Ratschläge, schrieb ihnen Briefe und verdiente sich so morgens oder abends fast täglich ihre einzige Mahlzeit.

„Doktor", fragte Félicie, während Madame Michon sich ein schwarzes Samtband um den Hals band: „Sie sagen, dass meine Schwindelanfälle auf meinen Magen zurückzuführen sind. Sind Sie da sicher?"

Bevor Trublet antworten konnte, rief Madame Doulce aus, dass Schwindelanfälle immer vom Magen ausgingen und dass sie zwei oder drei Stunden nach den Mahlzeiten ein Blähungsgefühl verspüre, und bat daraufhin den Arzt um ein Heilmittel.

Félicie jedoch dachte nach, denn sie war zum Denken fähig.

„Doktor", sagte sie plötzlich, „ich möchte Ihnen eine Frage stellen, die Sie vielleicht für eine komische Frage halten; aber ich möchte wirklich wissen, ob, wenn man bedenkt, dass Sie genau wissen, was es im menschlichen Körper gibt, und das." Du hast alles gesehen, was wir in uns haben, es ist dir nicht in bestimmten Momenten peinlich, mit Frauen umzugehen? Es scheint mir, dass dich die Vorstellung davon abstoßen muss."

Aus der Tiefe seiner Kissen winkte Trublet Félicie einen Kuss zu und antwortete:

„Mein liebes Kind, es gibt kein zarteres, reicheres und schöneres Gewebe als die Haut einer hübschen Frau. Das habe ich mir gerade gesagt, während ich über deinen Nacken nachgedacht habe, und du wirst das leicht verstehen, unter einem solchen Eindruck –"

Sie verzog das Gesicht zu ihm wie ein verächtlicher Affe.

„Du hältst es wohl für witzig, Unsinn zu reden, wenn dir jemand eine ernste Frage stellt?"

„Nun, da Sie es wünschen, Mademoiselle, werden Sie eine lehrreiche Antwort erhalten. Vor etwa zwanzig Jahren hatten wir im Obduktionsraum des Hôpital Saint-Joseph einen betrunkenen alten Wächter namens Daddy

Rousseau, der jeden … Tag um elf Uhr aß er am Ende des Tisches, auf dem die Leiche lag, weil er hungrig war. Nichts hindert Menschen, die hungrig sind, zu essen, sobald sie etwas zu essen haben Papa Rousseau pflegte zu sagen: ‚Ich weiß nicht, ob es an der Atmosphäre im Raum liegt, aber ich muss etwas Frisches und Appetitliches haben.'"

„Ich verstehe", sagte Félicie. „Kleine Blumenmädchen sind das, was du willst. Aber das darfst du nicht, weißt du. Und da sitzt du wie ein Türke und hast mein Rezept noch nicht ausgeschrieben." Sie warf ihm einen fragenden Blick zu. „Wo ist der Magen genau?"

Die Tür war offen geblieben. Ein junger Mann, ein sehr hübscher Kerl und äußerst modisch, öffnete die Tür und fragte, nachdem er ein paar Schritte in die Garderobe gegangen war, höflich, ob er eintreten dürfe.

"Oh, du bist es!" sagte Nanteuil. Und sie streckte ihre Hand aus, die er mit Vergnügen, Zeremonie und Albernheit küsste.

„Wie geht es Ihnen, Doktor Sokrates?" erkundigte er sich, ohne Madame Doulce gegenüber besondere Höflichkeiten zu verschwenden.

Wegen seiner Stupsnase und seiner subtilen Rede wurde Trublet oft auf diese Weise angesprochen. Er zeigte auf Nanteuil und sagte:

„Herr de Ligny, Sie sehen vor sich eine junge Dame, die nicht ganz sicher ist, ob sie einen Magen hat. Es ist eine ernste Frage. Wir raten ihr, sich für die Antwort an das kleine Mädchen zu wenden, das zu viel Marmelade gegessen hat. Sie ." Mutter sagte zu ihr: „Du wirst dir den Magen verletzen." Das Kind antwortete: „Nur Damen haben einen Bauch; kleine Mädchen haben keinen."

„Himmel, wie dumm Sie sind, Doktor!" rief Nanteuil.

„Ich wünschte, Sie würden die Wahrheit sagen, Mademoiselle. Albernheit ist die Fähigkeit zum Glück. Es ist der souveräne Inhalt. Es ist das höchste Gut in einer zivilisierten Gesellschaft."

„Sie sind paradox, mein lieber Doktor", bemerkte Monsieur de Ligny. „Aber ich gebe Ihnen zu, dass es besser ist, albern zu sein, weil jeder albern ist, als klug zu sein, weil niemand sonst klug ist."

„Es stimmt, was Robert sagt!" rief Nanteuil aufrichtig beeindruckt. Und sie fügte nachdenklich hinzu: „Jedenfalls, Herr Doktor, eines ist sicher. Dummheit hindert einen oft daran, dumme Dinge zu tun. Das ist mir schon oft aufgefallen. Ob man nun Männer oder Frauen nimmt, das sind nicht die dümmsten." die sich am dümmsten verhalten, zum Beispiel gibt es intelligente Frauen, die gegenüber Männern dumm sind.

„Du meinst diejenigen, die ohne sie nicht auskommen."

„Vor dir lässt sich nichts verbergen, mein kleiner Sokrates."

„Ah", seufzte der große Doulce, „was für eine schreckliche Sklaverei das ist! Jede Frau, die ihre Sinne nicht kontrollieren kann, ist der Kunst verloren."

Nanteuil zuckte mit den Schultern, die noch immer etwas von der Kantigkeit der Jugend hatten.

„Oh, meine Urgroßmutter! Versuchen Sie nicht, die Kleinen zu veräppeln! Was für eine Idee! Hatten zu Ihrer Zeit Schauspielerinnen ihre – wie haben Sie es ausgedrückt? Geigenstäbe kontrolliert! Sie haben sie überhaupt nicht kontrolliert!"

Als er bemerkte, dass Nanteuils Zorn sich steigerte, zog sich der stämmige Doulce würdevoll und besonnen zurück. Sobald sie in der Passage war, gab sie einen weiteren Ratschlag:

„Denk daran, mein Liebling, Angélique als ‚Knospe' zu spielen." Das Teil erfordert es."

Aber Nanteuil, die nervös war, nahm keine Notiz davon.

„Wirklich", sagte sie und setzte sich vor ihre Frisierkommode, „sie bringt mich zum Kochen, diese alte Doulce, mit ihrer Moral. Glaubt sie, dass die Leute ihre Abenteuer vergessen haben? Wenn ja, irrt sie sich. Madame Ravaud erzählt eines davon Jeder weiß, dass sie ihren Mann, den Musiker, eines Nachts in sein Kornett stürzte. Fragen Sie Madame Michon einfach nach dem Warum Mehr als zwei Jahre lang hat sie sie nur noch zu Schatten gemacht, zu bloßen Atemzügen. Und angenommen, irgendjemand hätte ihr gesagt, dass sie sich für die Kunst verloren hat!"

Dr. Trublet streckte seine beiden Hände mit den Handflächen nach außen in Richtung Nanteuil aus, als wolle er sie aufhalten.

„Regen Sie sich nicht auf, mein Kind. Madame Doulce ist aufrichtig. Früher liebte sie die Männer, jetzt liebt sie Gott. Man liebt, was man kann, wie man kann und mit dem, was man hat. Sie ist bei der Anprobe keusch und fromm geworden Sie ist fleißig in der Ausübung ihrer Religion: Sie geht an Sonn- und Feiertagen zur Messe, sie –"

„Nun, sie hat recht, wenn sie zur Messe geht", beteuerte Nanteuil. „Michon, zünde eine Kerze für mich an, um mein Rouge aufzuwärmen. Ich muss meine Lippen noch einmal bearbeiten. Gewiss hat sie völlig recht, wenn sie zur Messe geht, aber die Religion hat das nicht." verbiete einem, einen Liebhaber zu haben.

„Glaubst du nicht?" fragte der Arzt.

„Ich kenne meine Religion besser als du, das ist sicher!"

Eine traurige Glocke ertönte, und die traurige Stimme des Callboys war in den Korridoren zu hören:

„Der Auftakt ist vorbei!"

Nanteuil erhob sich und legte sich ein mit einem Stahlmedaillon verziertes Samtband um das Handgelenk. Madame Michon war auf den Knien und ordnete die drei Watteau-Falten des rosafarbenen Kleides, und mit dem Mund voller Nadeln sagte sie aus einem Mundwinkel die folgende Maxime:

„Das Alter hat etwas Gutes: Männer können einem nicht noch mehr Leid zufügen."

Robert de Ligny nahm eine Zigarette aus seinem Etui.

"Darf ich?" Und er ging auf die brennende Kerze auf dem Frisiertisch zu.

Nanteuil, die ihn nie aus den Augen ließ, sah unter seinem Schnurrbart, rot und hell wie eine Flamme, seine im Kerzenlicht rötlichen Lippen, die den Rauch einzogen und ausbläheten. Sie spürte eine leichte Wärme in ihren Ohren. Sie tat so, als würde sie zwischen ihren Schmuckstücken blicken, berührte Lignys Hals mit ihren Lippen und flüsterte ihm zu:

„Warten Sie nach der Show in einem Taxi an der Ecke Rue de Tournon auf mich."

In diesem Moment war das Geräusch von Stimmen und Schritten im Korridor zu hören. Die Schauspieler des Auftakts kehrten in ihre Umkleidekabinen zurück.

„Herr Doktor, geben Sie mir Ihre Zeitung."

„Es ist höchst uninteressant, Mademoiselle."

„Macht nichts, übergebe es."

Sie nahm es und hielt es wie einen Bildschirm über ihren Kopf.

„Das Licht schmerzt meine Augen", stellte sie fest.

Es stimmte, dass ein zu grelles Licht ihr manchmal Kopfschmerzen bereitete. Aber sie hatte sich gerade im Spiegel gesehen. Mit ihren blau getönten Augenlidern, ihren mit schwarzer Paste bestrichenen Wimpern, ihren mit

Fett bemalten Wangen und ihren rot gefärbten Lippen in Form eines winzigen Herzens kam es ihr vor, als sähe sie aus wie eine bemalte Leiche mit Glasaugen, und das tat sie auch Ich möchte nicht, dass Ligny sie so sieht.

Während sie ihr Gesicht im Schatten der Zeitung hielt, betrat ein großer, schlanker junger Mann mit stolzierendem Gang die Umkleidekabine. Seine melancholischen Augen lagen tief über einer Nase wie ein Krähenschnabel; sein Mund war zu einem versteinerten Grinsen verzogen. Der Adamsapfel seines langen Halses warf einen tiefen Schatten auf seinen Schaft. Er war als Bühnenvollzieher verkleidet.

„Das bist du, Chevalier? Wie geht es dir, mein Freund?" fragte fröhlich Dr. Trublet, der Schauspieler liebte, die schlechten bevorzugte und eine besondere Vorliebe für Chevalier hatte.

„Kommt alle rein!" rief Nanteuil. „Das ist keine Umkleidekabine, es ist eine Mühle."

„Trotzdem meinen Respekt, Mme. Miller!" antwortete Chevalier: „Ich warne Sie, da draußen steht ein Haufen Idioten. Glauben Sie es – sie haben mich zum Schweigen gebracht!"

„Das ist kein Grund, hereinzukommen, ohne anzuklopfen", antwortete Nanteuil schnippisch.

Der Arzt wies darauf hin, dass Monsieur de Ligny die Tür offen gelassen hatte; Daraufhin wandte sich Nanteuil an Ligny und sagte in einem Ton zärtlichen Vorwurfs:

„Hast du die Tür wirklich offen gelassen? Aber wenn man einen Raum betritt, schließt man die Tür vor anderen Menschen: Das ist eines der ersten Dinge, die einem beigebracht werden."

Sie hüllte sich in einen weißen Deckenumhang.

Der Callboy rief die Spieler auf die Bühne.

Sie ergriff die Hand, die Ligny ihr reichte, und indem sie mit ihren Fingern sein Handgelenk erkundete, bohrte sie ihren Nagel in die Stelle nahe der Adern, wo die Haut empfindlich ist. Dann verschwand sie im dunklen Korridor.

KAPITEL II

Chevalier , der seine gewöhnliche Kleidung wieder angezogen hatte, saß in einer Eckloge neben Madame Doulce und blickte Félicie an, eine kleine, ferne Gestalt auf der Bühne. Und als er sich an die Tage erinnerte, als er sie auf seinem Dachboden in der Rue des Martyrs in seinen Armen gehalten hatte, weinte er vor Kummer und Wut.

Sie hatten sich letztes Jahr bei einem Fest unter der Schirmherrschaft von Lecureuil, dem Abgeordneten, kennengelernt; eine Benefizleistung zugunsten armer Schauspieler des neunten *Arrondissement* . Er war stumm, ausgehungert und mit leuchtenden Augen um sie herumgeschlichen. Ganze vierzehn Tage lang hatte er sie unaufhörlich verfolgt. Kalt und ungerührt schien sie ihn zu ignorieren. Dann ergab sie sich plötzlich; so plötzlich, dass er, als er sie an diesem Tag verließ, immer noch strahlend und erstaunt, etwas Dummes gesagt hatte. Er hatte ihr gesagt: „Und ich habe dich für ein bisschen Porzellan gehalten!" Drei Monate lang hatte er Freuden gespürt, die so intensiv waren wie Schmerz. Dann war Félicie schwer fassbar, distanziert und entfremdet geworden. Sie liebte ihn nicht mehr. Er suchte nach dem Grund, konnte ihn aber nicht finden. Es quälte ihn zu wissen, dass er nicht mehr geliebt wurde; Eifersucht quälte ihn noch mehr. Es stimmte, dass er in den ersten schönen Stunden seiner Liebe gewusst hatte, dass Félicie einen Liebhaber hatte, einen gewissen Girmandel, einen Gerichtsvollzieher, der in der Rue de Provence wohnte, und er hatte es tief empfunden. Aber da er ihn nie sah, hatte er sich eine so verworrene und unklare Vorstellung von ihm gemacht, dass seine Eifersucht sich in Unsicherheit verlor. Félicie versicherte ihm, dass sie im Verkehr mit Girmandel nie mehr als passiv gewesen sei und nicht einmal so getan habe, als würde sie sich um ihn kümmern. Er glaubte ihr, und dieser Glaube erfüllte ihn mit größter Befriedigung. Sie erzählte ihm auch, dass Girmandel seit langer Zeit, über Monate hinweg, nichts weiter als ein Freund gewesen sei und er ihr geglaubt habe. Kurz gesagt, er täuschte den Gerichtsvollzieher, und es war für ihn angenehm zu spüren, dass er diesen Vorteil genoss. Er hatte auch erfahren, dass Félicie, die gerade ihr zweites Jahr am Konservatorium abschloss, sich ihrem Professor nicht verweigert hatte. Aber der Kummer, den er darüber empfunden hatte, wurde durch einen altehrwürdigen und ehrwürdigen Brauch gemildert. Jetzt verursachte ihm Robert de Ligny unerträgliches Leid. Seit einiger Zeit hatte er ihn unaufhörlich bei ihr herumhängen sehen. Er konnte nicht daran zweifeln, dass sie Robert liebte; und obwohl er sich manchmal sagte, dass sie sich diesem Mann noch nicht hingegeben hatte, glaubte er es nicht, sondern nur, dass er manchmal die Bitterkeit seiner Leiden lindern wollte.

Im hinteren Teil des Theaters brach mechanischer Applaus aus, und einige Mitglieder des Orchesters klatschten unter unhörbarem Murmeln langsam und lautlos in die Hände. Nanteuil hatte Jeanne Perrin gerade ihre letzte Antwort gegeben.

„ *Brava! Brava!* Sie ist entzückend, liebe kleine Frau!" seufzte Madame Doulce.

In seiner eifersüchtigen Wut war Chevalier untreu. Er hob einen Finger an die Stirn und bemerkte:

„Sie spielt damit . " Dann legte er seine Hand auf sein Herz und fügte hinzu: „Damit sollte man handeln."

„Danke, lieber Freund, danke!" murmelte Madame Doulce, die in diese Maximen eine offensichtliche Lobrede auf sich selbst hineininterpretierte.

Sie pflegte tatsächlich zu behaupten, dass jede gute Schauspielerei aus dem Herzen kommt; sie war der Meinung, dass man, um einer Leidenschaft vollen Ausdruck zu verleihen, sie erleben und die Ausdrücke, die man darstellen möchte, in der eigenen Person spüren muss. Sie bezog sich gern selbst als Beispiel dafür. Als sie als Tragödienkönigin auftrat, nachdem sie auf der Bühne einen Becher Gift geleert hatte, brannten ihre Eingeweide den ganzen Abend. Trotzdem pflegte sie zu sagen: „Die dramatische Kunst ist eine nachahmende Kunst, und man ahmt eine Emotion umso besser nach, wenn man sie nicht erlebt hat." Und um diese Maxime zu illustrieren, führte sie noch weitere Beispiele aus ihrer triumphalen Karriere an.

Sie seufzte tief.

„Das Kind ist bewundernswert begabt. Aber es ist zu bedauern; es ist in eine schlechte Zeit hineingeboren worden. Es gibt heute kein Publikum mehr; keine Kritiker, keine Theaterstücke, keine Theater, keine Künstler. Es ist eine Dekadenz der Kunst."

Chevalier schüttelte den Kopf.

„Kein Grund, Mitleid mit ihr zu haben", sagte er. „Sie wird alles haben, was sie sich wünschen kann; sie wird Erfolg haben; sie wird reich sein. Sie ist ein egoistischer kleiner Idiot, und eine Frau, die egoistisch ist, kann alles bekommen, was sie will. Aber für Menschen mit Herzen bleibt nichts anderes übrig, als einen zu hängen." Ich werde einen Stein um den Hals legen und mich in den Fluss werfen. Auch ich werde ein selbstsüchtiger Hund sein.

Er stand auf und ging hinaus, ohne das Ende des Stücks abzuwarten. Er kehrte nicht in Félicies Umkleidekabine zurück, aus Angst, dort Ligny zu treffen, deren Anblick unerträglich war, und weil er, indem er ihm aus dem Weg ging, sich einbilden konnte, Ligny sei nicht dorthin zurückgekehrt.

Er war sich der körperlichen Qual bewusst, die er verspürte, als er sie verließ, und ging fünf oder sechs Mal durch die dunklen, verlassenen Arkaden des Odéon, ging die Stufen in die Nacht hinunter und bog in die Rue de Médicis ein. Kutscher dösten auf ihren Böcken, während sie auf das Ende der Vorstellung warteten, und hoch über den Wipfeln der Platanen raste der Mond durch die Wolken. Er trug in seinem Herzen einen absurden, aber beruhigenden Rest Hoffnung und ging, wie an anderen Abenden auch, in die Wohnung ihrer Mutter, um auf Félicie zu warten.

KAPITEL III

Madame Nanteuil bewohnte mit ihrer Tochter eine kleine Wohnung im fünften Stock eines Hauses am Boulevard Saint-Michel, deren Fenster auf den Garten des Luxembourg hinausgingen. Sie empfing Chevalier freundlich, denn sie hatte eine gute Meinung von ihm, weil er Félicie liebte, diese ihn aber nicht erwiderte und es aus Prinzip ignorierte, dass er der Liebhaber ihrer Tochter gewesen war.

Sie ließ ihn neben sich im Esszimmer Platz nehmen, wo im Ofen ein Koksfeuer brannte. Im Lampenlicht leuchteten Revolver und Säbel der Armee mit goldenen Quasten an den Schwertknoten an der Wand. Sie wurden um den Kürass einer Frau gehängt, der mit runden Brustschilden aus Zinnblech versehen war; ein Teil der Rüstung, das Félicie letzten Winter getragen hatte, als sie noch Schülerin am Konservatorium war, als sie im Haus einer spiritistischen Herzogin die Rolle der Jeanne d'Arc übernahm. Die Witwe eines Offiziers und Mutter einer Schauspielerin, Madame Nanteuil, deren richtiger Name Nantean war, schätzte diese Trophäen wie einen Schatz.

„Félicie ist noch nicht zurück, Monsieur Chevalier. Ich erwarte sie nicht vor Mitternacht. Sie steht bis zum Ende des Stücks auf der Bühne."

„Ich weiß, ich war im ersten Stück. Ich verließ das Theater nach dem ersten Akt von *La Mère Confidente* ."

„Oh, Monsieur Chevalier, warum sind Sie nicht bis zum Ende geblieben? Meine Tochter hätte sich sehr gefreut, wenn Sie gewartet hätten. Wenn man spielt, hat man gern Freunde im Haus."

Chevalier antwortete zweideutig:

„Oh, was Freunde betrifft, davon gibt es viele."

„Sie irren sich, Monsieur Chevalier; gute Freunde sind rar. Madame Doulce war natürlich da? War sie mit Félicie zufrieden?" Und sie fügte mit großer Bescheidenheit hinzu: „Ich würde mich wirklich freuen, wenn sie wirklich einen Erfolg erzielen könnte. Es ist so schwierig, in ihrem Beruf an die Spitze zu kommen, für ein Mädchen, das allein ist, ohne Unterstützung, ohne Einfluss! Und das." ist für ihren Erfolg so notwendig, armes Kind!"

Chevalier war nicht geneigt, Félicie zu bemitleiden. Mit einem Schulterzucken antwortete er unverblümt:

„Darüber brauchen Sie sich keine Sorgen zu machen. Sie wird es schaffen. Sie ist eine Schauspielerin mit Herz und Seele. Sie steckt es in ihren Knochen, bis in ihre Beine."

Madame Nanteuil lächelte ruhig.

„Armes Kind! Sie sind nicht sehr prall, ihre Beine. Félicies Gesundheitszustand ist nicht schlecht, aber sie darf es nicht übertreiben. Sie hat oft Schwindelanfälle und krankhafte Kopfschmerzen."

Der Diener kam herein und stellte eine Schüssel Bratwurst, eine Flasche Wein und ein paar Teller auf den Tisch.

Unterdessen suchte Chevalier in Gedanken nach einer angemessenen Art und Weise, eine Frage zu stellen, die ihm schon auf der Zunge lag, seit er die Treppe betreten hatte. Er wollte wissen, ob Félicie Girmandel noch traf, dessen Namen er heutzutage nie mehr hörte. Wir neigen dazu, Wünsche zu hegen, die zu unserem Zustand passen. Jetzt, im Elend seines Daseins, in der Not seines Herzens, war er von dem sehnlichen Wunsch erfüllt, dass Félicie, die ihn nicht mehr liebte, Girmandel lieben sollte, den sie nur noch wenig liebte, und das hoffte er von ganzem Herzen Girmandel würde sie für sich behalten, sie vollständig besitzen und nichts von ihr für Robert de Ligny hinterlassen. Der Gedanke, dass das Mädchen mit Girmandel zusammen sein könnte, besänftigte seine Eifersucht, und es fürchtete ihn, zu erfahren, dass sie mit ihm gebrochen hatte.

Natürlich hätte er es sich nie erlaubt, eine Mutter nach den Liebhabern ihrer Tochter zu befragen. Aber es war erlaubt, mit Madame Nanteuil über Girmandel zu sprechen, die in den Beziehungen ihres Haushalts zu dem Regierungsbeamten, der wohlhabend, verheiratet und Vater zweier bezaubernder Töchter war, nichts anderes als Respektabel sah. Um Girmandels Namen ins Gespräch zu bringen, musste er nur auf eine List zurückgreifen. Chevalier stieß auf eines, das er für genial hielt.

„Übrigens", bemerkte er, „ich habe Girmandel gerade in einer Kutsche gesehen."

Madame Nanteuil äußerte sich nicht.

„Er fuhr in einem Taxi den Boulevard Saint-Michel entlang. Ich glaubte auf jeden Fall, ihn zu erkennen. Es würde mich sehr wundern, wenn er es nicht wäre."

Madame Nanteuil äußerte sich nicht.

„Sein heller Bart, seine hohe Hautfarbe – man erkennt ihn leicht, Girmandel."

Madame Nanteuil äußerte sich nicht.

„Ihr wart einst sehr befreundet mit ihm, ihr und Félicie. Seht ihr ihn noch?"

„Monsieur Girmandel? Oh ja, wir sehen ihn immer noch", antwortete Madame Nanteuil leise.

Diese Worte machten Chevalier fast glücklich. Aber sie hatte ihn getäuscht; sie hatte nicht die Wahrheit gesagt. Sie hatte aus Selbstachtung gelogen und um ein Familiengeheimnis nicht preiszugeben, das ihrer Meinung nach die Ehre ihrer Familie beeinträchtigte. Die Wahrheit war, dass Félicie, von ihrer Leidenschaft für Ligny mitgerissen, Girmandel einen Strich durch die Rechnung gemacht hatte, und dieser, da er ein Mann von Welt war, sofort den Nachschub eingestellt hatte. Madame Nanteuil hatte trotz ihres Alters wieder eine alte Geliebte angenommen, aus Liebe zu ihrem Kind, damit es ihr an nichts mangelte. Sie hatte ihre frühere Verbindung mit Tony Meyer, dem Bilderhändler in der Rue de Clichy, erneuert. Tony Meyer war ein schlechter Ersatz für Girmandel; er war nicht allzu frei mit seinem Geld. Madame Nanteuil, die weise war und den Wert der Dinge kannte, beklagte sich darüber nicht, und sie wurde für ihre Hingabe belohnt, denn in den sechs Wochen, in denen sie erneut geliebt worden war, war sie wieder jung geworden.

Chevalier ging seiner Idee nach und fragte:

„Man würde kaum sagen, dass Girmandel noch ein junger Mann war, oder?"

„Er ist nicht alt", sagte Madame Nanteuil. „Mit vierzig ist ein Mann nicht alt."

„Ein bisschen verbraucht, nicht wahr?"

„Oh mein Gott, nein", antwortete Madame Nanteuil ganz ruhig.

Chevalier wurde nachdenklich und schwieg. Madame Nanteuil begann zu nicken. Dann wurde sie von der Dienerin, die das Salzfass und die Wasserflasche hereinbrachte, aus ihrer Schläfrigkeit geweckt und fragte:

„Und Ihnen, Monsieur Chevalier, geht es Ihnen gut?"

Nein, es war nicht alles in Ordnung mit ihm. Die Kritiker wollten ihn „niederlegen". Und der Beweis dafür, dass sie sich gegen ihn verbündet hatten, war, dass sie alle dasselbe sagten; Sie sagten, sein Gesicht sei ausdruckslos.

„Mein Gesicht ist ausdruckslos!" er weinte empört. „Sie hätten es ein vorherbestimmtes Gesicht nennen sollen. Madame Nanteuil, ich ziele hoch, und das ist es, was mir Schaden zufügt. Zum Beispiel in *La Nuit du 23 octobre*

, das gerade geprobt wird, bin ich Florentin: Ich habe nur sechs Es ist eine Katastrophe, aber ich habe die Bedeutung des Charakters enorm gesteigert.

Madame Nanteuil fand ruhig und freundlich Worte, um ihn zu trösten. Es gab zweifellos Hindernisse, aber am Ende hat man sie überwunden. Ihre eigene Tochter war dem bösen Willen einiger Kritiker zum Opfer gefallen.

"Halb eins!" sagte Chevalier düster. „Félicie kommt zu spät."

Madame Nanteuil vermutete, dass sie von Madame Doulce aufgehalten worden war.

„Madame Doulce verpflichtet sich in der Regel, sie zu Hause zu besuchen, und Sie wissen, dass sie sich nie beeilt."

Chevalier erhob sich, als wollte er sich verabschieden, um zu zeigen, dass er sich an seine Manieren erinnerte. Madame Nanteuil bat ihn zu bleiben.

„Geh nicht, Félicie wird nicht mehr lange brauchen. Sie wird sich freuen, dich hier zu finden. Du wirst mit ihr zu Abend essen."

Madame Nanteuil döste wieder in ihrem Sessel ein. Chevalier saß da und starrte schweigend auf die Uhr an der Wand, und als der Zeiger über das Zifferblatt glitt, fühlte er eine brennende Wunde in seinem Herzen, die immer größer wurde, und jeder kleine Schlag des Pendels berührte ihn bis ins Mark und ließ seine Eifersucht schärfer erkennen, indem er die Augenblicke festhielt, die Felicie mit Ligny verbrachte. Denn er war jetzt überzeugt, dass sie zusammen waren. Die Stille der Nacht, nur unterbrochen vom gedämpften Geräusch der Taxis, die den Boulevard entlangfuhren, verlieh den Gedanken und Bildern, die ihn quälten, Realität. Er konnte sie sehen.

Madame Nanteuil wurde durch Gesang auf dem Bürgersteig unter ihr aufgeschreckt und dachte wieder an die Gedanken, mit denen sie eingeschlafen war.

„Das sage ich Félicie immer; man darf sich nicht entmutigen lassen. Man sollte nicht den Mut verlieren. Wir alle haben unsere Höhen und Tiefen im Leben."

Chevalier nickte zustimmend.

„Aber diejenigen, die leiden", sagte er, „bekommen nur das, was sie verdienen. Es braucht nur einen Moment, um sich von all seinen Sorgen zu befreien. Ist es nicht so?"

Sie gab die Tatsache zu; Sicherlich gab es plötzliche Gelegenheiten, besonders auf der Bühne.

„Der Himmel weiß“, fuhr er mit tiefer, nachdenklicher Stimme fort, „es ist nicht die Bühne, um die ich mir Sorgen mache. Ich weiß, dass ich mir eines Tages einen Namen machen werde, und zwar einen großen. Aber was nützt es, ein großartiger Künstler zu sein?“ wenn man nicht glücklich ist? Es gibt dumme Sorgen, die schrecklich sind!

Er hörte auf zu reden; Der düstere Blick seiner tiefliegenden Augen fiel auf die Trophäe, die an der Wand hing. Dann fuhr er fort:

„Diese dummen Sorgen, diese lächerlichen Leiden, wenn man sie zu lange erträgt, bedeutet das einfach, dass man ein Feigling ist.“

Und er fühlte den Griff des Revolvers, den er immer in seiner Tasche trug.

Madame Nanteuil hörte ihm gelassen zu, mit der sanften Entschlossenheit, nichts zu wissen, die ihr einziges Talent im Leben gewesen war.

„Eine weitere schreckliche Sache“, bemerkte sie, „ist die Entscheidung, was sie essen soll. Félicie hat alles satt. Man weiß nicht, was man ihr schenken soll.“

Danach versiegte das schwächelnde Gespräch und zerfiel in einzelne Phrasen, die keine besondere Bedeutung hatten. Madame Nanteuil, die Dienerin, das Colafeuer, die Lampe, der Wursteller erwarteten Félicie in bedrückendem Schweigen. Die Uhr schlug eins. Chevaliers Leiden hatte zu diesem Zeitpunkt die Heftigkeit einer Flutwelle erreicht. Er war sich nun sicher. Die Taxis fuhren nicht so häufig und ihre Räder hallten lauter auf der Straße wider. Das Rumpeln eines dieser Taxis verstummte plötzlich vor dem Haus. Ein paar Sekunden später hörte er das leise Knirschen eines Schlüssels im Schloss, das Zuschlagen der Tür und leichte Schritte im Vorraum.

Die Uhr zeigte dreiundzwanzig Minuten nach eins. Er war plötzlich voller Aufregung und doch hoffnungsvoll. Sie war gekommen! Wer konnte sagen, was sie sagen würde? Sie könnte die natürlichste Erklärung für ihr spätes Erscheinen liefern.

Félicie betrat das Zimmer mit zerzaustem Haar, glänzenden Augen, weißen Wangen und leuchtend roten, verletzten Lippen. Sie war müde, gleichgültig, stumm, glücklich und lieblich und schien unter ihrem Umhang, den sie mit beiden Händen um sich geschlungen hielt, einen Rest von Wärme und wollüstiger Lust zu verbergen.

„Ich fing an, mir Sorgen zu machen“, sagte ihre Mutter. „Willst du deinen Umhang nicht aufmachen?“

„Ich habe Hunger“, antwortete sie. Sie ließ sich auf einen Stuhl vor dem kleinen runden Tisch fallen. Sie warf ihren Umhang über die Stuhllehne und enthüllte ihre schlanke Gestalt in dem kleinen schwarzen

Schulmädchenkleid. Sie stützte ihren linken Ellbogen auf die Wachstuch-Tischdecke und begann, mit der Gabel in die Wurstscheiben zu stechen.

„Ist heute Abend alles gut gelaufen?", fragte Madame Nanteuil.

"Ziemlich gut."

„Sie sehen, Chevalier ist gekommen, um Ihnen Gesellschaft zu leisten. Das ist nett von ihm, nicht wahr?"

„Oh, Chevalier! Nun, lass ihn an den Tisch kommen."

Und ohne weiter auf die Fragen ihrer Mutter zu antworten, begann sie gierig und charmant zu essen, wie Ceres im Haus der alten Frau. Dann schob sie ihren Teller beiseite und lehnte sich in ihrem Stuhl zurück, mit halb geschlossenen Augen und geöffneten Lippen, und lächelte ein Lächeln, das einem Kuss ähnelte.

Madame Nanteuil erhob sich, nachdem sie ihr Glas Glühwein getrunken hatte.

„Entschuldigen Sie, Monsieur Chevalier, ich muss meine Konten auf den neuesten Stand bringen."

Dies war die Formel, mit der sie gewöhnlich ankündigte, dass sie zu Bett gehen würde.

Mit Félicie allein gelassen, sagte Chevalier wütend zu ihr:

„Ich weiß, dass ich ein Narr und ein Kriecher bin; aber ich werde verrückt aus Liebe zu dir. Hörst du, Félicie?"

„Ich glaube, ich höre es. Du brauchst nicht so zu schreien!"

„Es ist lächerlich, nicht wahr?"

„Nein, es ist nicht lächerlich, es ist —"

Sie hat den Satz nicht zu Ende geführt.

Er näherte sich ihr und zog seinen Stuhl mit sich.

„Du bist um fünfundzwanzig Minuten nach eins angekommen. Es war Ligny, der dich nach Hause gebracht hat, das weiß ich. Er hat dich in einem Taxi zurückgebracht, ich habe gehört, wie es vor dem Haus angehalten hat."

Da sie nicht antwortete, fuhr er fort:

„Leugnen Sie es, wenn Sie können!"

Sie schwieg, und er wiederholte in einem eindringlichen, fast flehenden Ton:

„Sag mir, dass er es nicht getan hat!"

Wäre sie dazu geneigt gewesen, hätte sie ihn mit einem einzigen Satz, mit einem einzigen Wort, mit einer winzigen Kopf- oder Schulterbewegung vollkommen unterwürfig und fast glücklich machen können. Aber sie bewahrte ein böswilliges Schweigen. Mit zusammengepressten Lippen und einem in die Ferne blickenden Blick wirkte sie wie in einem Traum verloren.

Er seufzte heiser.

„So dumm ich war, daran habe ich nicht gedacht! Ich sagte mir, dass du wie an anderen Abenden mit Madame Doulce nach Hause kommen würdest, oder auch allein. Wenn ich nur gewusst hätte, dass du diesem Kerl erlauben würdest, dich zu sehen." heim!"

„Nun, was hättest du getan, wenn du es gewusst hättest?"

„Ich hätte dir folgen sollen, bei Gott!"

Sie starrte ihn mit harten, unnatürlich leuchtenden Augen an.

„Das verbiete ich dir! Verstehe mich! Wenn ich erfahre, dass du mir gefolgt bist, auch nur ein einziges Mal, werde ich dich nie wieder sehen. Zunächst einmal hast du nicht das Recht, mir zu folgen. Ich nehme an, ich bin frei tun, was ich will.

Er würgte vor Erstaunen und Zorn und stammelte:

„Habe ich nicht das Recht dazu? Habe ich nicht das Recht dazu? Du sagst mir, dass ich nicht das Recht dazu habe?"

„Nein, das Recht hast du nicht! Außerdem werde ich es nicht haben." Ihr Gesicht nahm einen Ausdruck des Ekels an. „Es ist ein gemeiner Trick, eine Frau auszuspionieren. Wenn du einmal versuchst herauszufinden, wohin ich gehe, werde ich dich über dein Geschäft informieren, und zwar schnell."

„Dann", murmelte er wie vom Donner gerührt, „wir sind nichts füreinander, ich bin nichts für dich. Wir haben nie zueinander gehört. Aber sieh, Félicie, denk daran —"

Doch sie verlor langsam die Geduld:

„Also, woran soll ich mich erinnern?"

„Félicie, vergiss nicht, dass du dich mir hingegeben hast!"

„Mein lieber Junge, du kannst wirklich nicht von mir erwarten, dass ich den ganzen Tag daran denke. Das wäre nicht schicklich."

Er sah sie eine Weile an, mehr neugierig als wütend, und sagte dann halb bitter, halb sanft zu ihr:

„Sie nennen dich vielleicht einen egoistischen kleinen Idioten! Sei einer, Félicie, sei einer, so viel du willst! Was macht das schon, denn ich liebe dich? Du gehörst mir; ich werde dich zurücknehmen; ich gehe." Um dich zurückzunehmen und dich zu behalten. Ich kann nicht ewig weiter leiden, ich fange wieder von vorne an Es wird alles gut gehen. Und du wirst für immer mir gehören. Ich bin ein ehrlicher Mann. Du kannst dich auf mich verlassen, sobald ich eine Stelle habe. "

Sie blickte ihn mit verächtlicher Überraschung an. Er glaubte, dass sie Zweifel an seiner dramatischen Zukunft hatte, und um sie zu verbannen, sagte er und richtete sich auf seine langen Beine:

„Glaubst du nicht an meinen Star, Félicie? Du liegst falsch. Ich spüre, dass ich in der Lage bin, großartige Rollen zu schaffen. Lass sie mir nur eine Rolle geben, und sie werden es sehen. Und ich habe nicht nur Comedy in mir." , aber Drama, Tragödie – ja, ich kann Verse richtig vortragen, Félicie, also glaube nicht, dass ich dich beleidige Wir werden später heiraten , sobald es möglich und angemessen ist. In der Zwischenzeit werden wir unsere angenehmen Gewohnheiten in der Rue des Martyrs wieder aufnehmen Da war das Bett nicht breit, aber wir sagten immer: „Das ist doch egal." An jeder Wand hängt das kleine Bett der Rue des Martyrs. Ich flehe dich an: Ich werde nicht länger leiden nur."

Während er sprach, hatte Félicie das Kartenspiel, mit dem ihre Mutter jeden Abend spielte, vom Kaminsims genommen und breitete es auf dem Tisch aus.

„Nur meins. Du hörst mich, Félicie."

„Stören Sie mich nicht, ich bin mit einem Geduldsspiel beschäftigt."

„Hör mir zu, Félicie. Ich werde nicht zulassen, dass du diesen Idioten in deiner Umkleidekabine empfängst."

Als sie auf ihre Karten blickte, murmelte sie:

„Alle Schwarzen sind das Schlusslicht."

„Ich sage diesen Idioten. Er ist Diplomat, und heutzutage ist das Außenministerium ein Zufluchtsort für Inkompetente." Mit erhobener Stimme fuhr er fort: „Félicie, in deinem eigenen Interesse und in meinem Interesse, hör mir zu!"

„Dann schrei doch nicht. Mama schläft."

Er fuhr mit gedämpfter Stimme fort:

„Versteh dir einfach, dass ich nicht beabsichtige, dass Ligny deine Geliebte wird."

Sie hob ihr boshaftes kleines Gesicht und antwortete:

„Und wenn er mein Liebhaber ist?"

Er trat einen Schritt näher an sie heran, hob seinen Stuhl, blickte sie mit dem Blick eines Verrückten an und lachte schallend.

„Wenn er dein Liebhaber ist, wird er es nicht lange sein."

Und er ließ den Stuhl fallen.

Jetzt war sie alarmiert. Sie zwang sich zu lächeln.

„Du weißt ganz genau, dass ich Witze mache!"

Es gelang ihr ohne große Schwierigkeiten, ihn glauben zu machen, dass sie das nur gesagt hatte, um ihn zu bestrafen, weil er unerträglich wurde. Er wurde ruhiger. Dann teilte sie ihm mit, dass sie müde sei und vor lauter Schlaf schlafe. Schließlich beschloss er, nach Hause zu gehen. Auf dem Treppenabsatz drehte er sich um und sagte:

„Félicie, ich rate dir, wenn du eine Tragödie vermeiden willst, Ligny nicht wiederzusehen."

Sie rief durch die halboffene Tür:

„Klopfen Sie an das Fenster des Pförtnerhauses, damit er Sie herauslassen kann!"

KAPITEL IV

Im dunklen Saal schützten große Leinentücher den Balkon und die Logen. Das Orchester war mit einem riesigen Staubtuch bedeckt, das an den Rändern zurückgeschlagen wurde und Platz für einige menschliche Figuren ließ, die in der Dunkelheit undeutlich zu sehen waren: Schauspieler, Szenenschieber, Kostümbildner, Freunde des Managers, Mütter und Liebhaber und Schauspielerinnen. Hier und da leuchteten ein paar Augen aus den schwarzen Nischen der Kisten.

Sie probten zum sechsundfünfzigsten Mal *La Nuit du 23 octobre 1812* , ein berühmtes Drama aus zwanzig Jahren, das in diesem Theater noch nicht aufgeführt worden war. Die Schauspieler kannten ihre Rollen, und der folgende Tag war für die letzte private Probe ausgewählt worden, die auf weniger strengen Bühnen als der des Odéon als „Probe der Schneiderinnen" bekannt ist.

Nanteuil hatte in dem Stück keine Rolle. Aber sie hatte an diesem Tag geschäftlich im Theater zu tun, und da man ihr mitgeteilt hatte, dass Marie-Claire in der Rolle der Frau von General Malet abscheulich sei, war sie gekommen, um einen Blick auf sie zu werfen, versteckt in den Tiefen einer Loge.

Die große Szene des zweiten Aktes sollte beginnen. Das Bühnenbild stellte einen Dachboden in der privaten Anstalt dar, in der der Verschwörer 1812 eingesperrt war. Durville, der die Rolle des General Malet verkörperte, hatte gerade seinen Einzug gehalten. Er probte im Kostüm: ein langer blauer Gehrock mit einem Kragen, der bis über die Ohren reichte, und Reithosen aus Sämischleder. Er war sogar so weit gegangen, sein Gesicht für die Rolle selbst zu schminken, das glattrasierte Soldatengesicht des Generals des Reiches, verziert mit dem „Hasenpfoten"-Schnurrbart, den die Sieger von Austerlitz an ihre Söhne weitergaben , der Bürger des Juli. Aufrecht stehend, den rechten Ellbogen in der linken Hand ruhend, die Stirn von der rechten Hand gestützt, drückten seine tiefe Stimme und seine eng anliegenden Hosen seinen Stolz aus.

„Allein und ohne Mittel, aus den Tiefen eines Gefängnisses, um diesen Koloss anzugreifen, der eine Million Soldaten befehligt und alle Völker und Könige Europas zum Zittern bringt. Nun, dieser Koloss wird krachend zu Boden fallen."

Von hinten auf der Bühne gab der alte Maury, der den Verschwörer Jacquemont spielte, seine Antwort:

„Er könnte uns in seinem Untergang vernichten."

Plötzlich erklangen gleichzeitig klagende und wütende Schreie aus dem Orchester.

Der Autor explodierte. Er war ein siebzigjähriger Mann voller Jugend.

„Was sehe ich dort hinten auf der Bühne? Es ist kein Schauspieler, es ist ein Kamin. Wir müssen die Maurer, die Marmorarbeiter, schicken, um ihn zu bewegen. Maury, beweg dich doch, verwirre dich!"

Maury veränderte seine Position.

„Er könnte uns in seinem Untergang vernichten. Mir ist klar, dass es nicht Ihre Schuld sein wird, General. Ihre Proklamation ist ausgezeichnet. Sie versprechen ihnen eine Verfassung, Freiheit, Gleichheit. Das ist machiavellistisch."

Durville antwortete:

„Und im besten Sinne. Eine unverbesserliche Rasse, sie bereiten sich darauf vor, die Eide zu brechen, die sie noch nicht geleistet haben, und weil sie lügen, halten sie sich für Machiavellis. Was werdet ihr mit absoluter Macht anfangen, ihr Dummköpfe?"

Die schrille Stimme des Autors erklang:

„Du liegst völlig daneben, Dauville."

"ICH?" fragte der erstaunte Durville.

„Ja, Sie, Dauville, Sie verstehen kein Wort von dem, was Sie sagen."

Um sie zu demütigen, „um sie zu Fall zu bringen", verschmähte dieser Mann, der im Laufe seines Lebens nie den Namen einer Sennerin oder eines Portiers vergessen hatte, sich an die Namen dieser berühmtesten Schauspieler.

„Dauville, mein Freund, mach das einfach noch einmal für mich."

Er konnte jede Rolle gut spielen. Gemütlich, düster, gewalttätig, zärtlich, ungestüm, liebevoll, er nahm nach Belieben eine tiefe oder eine pfeifende Stimme an; er seufzte, er brüllte, er lachte, er weinte. Er konnte sich, wie der Mann im Märchen, in eine Flamme, einen Fluss, eine Frau, einen Tiger verwandeln.

In den Kulissen tauschten die Schauspieler nur kurze und bedeutungslose Sätze aus. Ihre freie Meinungsäußerung, ihre einfachen Sitten und die Vertrautheit ihrer Manieren hielten sie nicht davon ab, so viel Heuchelei zu bewahren, wie es in jeder Versammlung von Menschen notwendig ist, damit die Menschen einander ohne Gefühle von Entsetzen und Ekel betrachten können. In dieser Werkstatt herrschte sogar in voller Aktivität ein scheinbarer Anschein von Harmonie und Einheit, eine Einheit des Gefühls, die durch den erhabenen oder alltäglichen Gedanken des Autors geschaffen wurde, ein Geist der Ordnung, der alle Rivalitäten und alle bösen Absichten zwang, sich zu verändern in Wohlwollen und harmonische Zusammenarbeit.

Nanteuil, die in ihrer Loge saß, fühlte sich unwohl bei dem Gedanken, dass Chevalier in ihrer Nähe war. In den letzten zwei Tagen, seit der Nacht, in der er seine obskuren Drohungen ausgesprochen hatte, hatte sie ihn nicht wieder gesehen, und die Angst, die er ihr eingeflößt hatte, beherrschte sie immer noch. „Félicie, wenn du eine Tragödie verhindern willst, rate ich dir, Ligny nicht wiederzusehen." Was bedeuteten diese Worte? Sie dachte tief über Chevalier nach. Dieser junge Kerl, der ihr noch vor zwei Tagen banal und unbedeutend vorgekommen war, von dem sie viel zu viel gesehen hatte, den sie auswendig kannte – wie geheimnisvoll und voller Geheimnisse erschien er ihr jetzt! Wie plötzlich war ihr klar geworden, dass sie ihn nicht kannte! Wozu war er fähig? Sie versuchte zu erraten. Was würde er tun? Wahrscheinlich nichts. Alle Männer, die von einer Frau überworfen werden, äußern Drohungen und tun nichts. Aber war Chevalier ein Mann wie alle anderen? Die Leute sagten, er sei verrückt. Das war bloßes Gerede. Aber sie selbst war sich nicht sicher, ob nicht auch nur ein Funke Wahnsinn in ihm steckte. Sie musterte ihn jetzt mit echtem Interesse. Da sie selbst hochintelligent war, hatte sie bei ihm nie große Anzeichen von Intelligenz entdeckt; aber er hatte sie mehrmals durch die Hartnäckigkeit seines Willens in Erstaunen versetzt. Sie konnte sich an seine Taten mit der wildesten Energie erinnern. Obwohl er von Natur aus eifersüchtig war, gab es doch gewisse Dinge, die er verstand. Er wusste, was eine Frau tun muss, um einen Platz auf der Bühne zu ergattern oder sich angemessen zu kleiden; aber er konnte es nicht ertragen, aus Liebe getäuscht zu werden. War er der Typ Mann, der ein Verbrechen beging, etwas Schreckliches tat? Das war es, was sie nicht entscheiden konnte. Sie erinnerte sich an seine Manie im Umgang mit Schusswaffen. Wenn sie ihn in der Rue des Martyrs besuchte, fand sie ihn immer in seinem Zimmer, wo er eine alte Schrotflinte zerlegte und reinigte. Und doch ging er nie schießen. Er prahlte damit, ein toter Schütze zu sein und trug einen Revolver bei sich. Aber was bewies das? Noch nie hatte sie so viel an ihn gedacht.

Nanteuil quälte sich auf diese Weise in ihrer Loge, als Jenny Fagette zu ihr kam; Jenny Fagette, schlank und zerbrechlich, die Inkarnation von Alfred de Mussets Muse, die nachts ihre immergrünblauen Augen durch das Kritzeln von Gesellschaftsnotizen und Modeartikeln abnutzte. Sie war eine mittelmäßige Schauspielerin, aber eine kluge und wunderbar energische Frau und Nanteuils engste Freundin. Sie erkannten ineinander bemerkenswerte Eigenschaften, Eigenschaften, die sich von denen unterschieden, die jede bei sich selbst entdeckte, und sie agierten gemeinsam als die beiden großen Mächte des Odéon. Dennoch tat Fagette ihr Bestes, um Ligny ihrer Freundin wegzunehmen; nicht aus Neigung, denn sie war gefühllos wie ein Stock und verachtete Männer, sondern aus der Vorstellung heraus, dass ihr eine Verbindung mit einem Diplomaten gewisse Vorteile verschaffen würde, und vor allem, um die Gelegenheit nicht zu verpassen, etwas Skandalöses zu tun. Nanteuil war sich dessen bewusst. Sie wusste, dass alle ihre Schwesterschauspielerinnen, Ellen Midi, Duvernet, Herschell, Falempin, Stella und Marie-Claire, versuchten, ihr Ligny wegzunehmen. Sie hatte Louise Dalle gesehen, die sich wie eine Musikmeisterin kleidete und stets den Eindruck machte, als würde sie einen Omnibus stürmen, und selbst bei ihren Provokationen und zufälligen Kontakten den Anschein unverbesserlicher Seriosität bewahrte, wie sie Ligny mit ihren schlaksigen Beinen verfolgte und bedrängten ihn mit den Blicken eines verarmten Pasiphae. Sie hatte auch die älteste Schauspielerin des Theaters, ihre ausgezeichnete Mutter Ravaud, in einem Korridor überrascht und bei Lignys Annäherung alles entblößt, was ihr noch geblieben war: ihre prächtigen Arme, die seit vierzig Jahren berühmt waren.

Mit Abscheu und der Spitze eines behandschuhten Fingers machte Fagette Nanteuil auf die Szene aufmerksam, durch die Durville, der alte Maury und Marie-Claire kämpften.

„Sehen Sie sich nur diese Leute an. Sie sehen aus, als würden sie auf dem Grund von dreißig Faden tiefem Wasser spielen.“

„Das liegt daran, dass die Oberlichter nicht leuchten.“

„Nicht ein bisschen davon. Dieses Theater sieht immer so aus, als wäre es auf dem Meeresgrund. Und wenn ich bedenke, dass auch ich gleich dieses Aquarium betreten muss. Nanteuil, du darfst nicht länger als eine Saison aufhören.“ in diesem Theater ist man ertrunken. Aber sieh sie dir an, sieh sie dir an!“

Durville wurde fast bauchredend, um feierlicher und männlicher zu wirken:

„Frieden, die Abschaffung des kombinierten Kriegs- und Zivilrechts und der Wehrpflicht, höhere Gehälter für die Truppen; in Ermangelung von Geldern, ein paar Wechsel auf der Bank, ein paar angemessen verteilte Provisionen, das sind unfehlbare Mittel.“

Madame Doulce betrat die Loge. Sie öffnete ihren Umhang mit dem armseligen Futter aus altem Kaninchenfell und holte ein kleines Buch mit Eselsohren hervor.

„Es sind Briefe von Madame de Sévigné“, sagte sie. „Sie wissen, dass ich nächsten Sonntag die besten Briefe von Madame de Sévigné vorlesen werde.“

"Wo?" fragte Fagette.

„Salle Renard.“

Es muss ein abgelegener und wenig bekannter Saal gewesen sein, denn Nanteuil und Fagette hatten noch nie davon gehört.

„Ich gebe diese Lesung zum Wohle der drei armen Waisenkinder, die Lacour, der Schauspieler, hinterlassen hat, der diesen Winter so traurig an Schwindsucht gestorben ist. Ich zähle darauf, dass Sie, meine Lieben, ein paar Karten für mich besorgen.“

„Trotzdem ist sie wirklich lächerlich, Marie-Claire!“ sagte Nanteuil.

Jemand kratzte an der Tür der Kiste. Es war Constantin Marc, der jugendliche Autor eines Theaterstücks, *La Grille* , das das Odéon sofort proben sollte; und Constantin Marc, obwohl ein im Wald lebender Landsmann, konnte fortan nur noch im Theater atmen. Nanteuil sollte die Hauptrolle in dem Stück übernehmen. Er blickte sie voller Rührung an, wie die kostbare Amphore, die dazu bestimmt war, der Behälter seiner Gedanken zu sein.

Unterdessen fuhr Durville heiser fort:

„Wenn unser Frankreich nur um den Preis unseres Lebens und unserer Ehre gerettet werden kann, werde ich mit dem Mann von 1993 sagen: ‚Vernichtet unser Andenken!‘“

Fagette zeigte mit dem Finger auf einen aufgedunsenen jungen Mann, der im Orchester saß und sein Kinn auf seinen Spazierstock stützte.

„Ist das nicht Baron Deutz?“

„Müssen Sie fragen!“ antwortete Nanteuil. „Ellen Midi ist in der Besetzung. Sie spielt den vierten Akt. Baron Deutz ist gekommen, um sich zu zeigen.“

„Warten Sie nur eine Minute, meine Kinder. Ich habe diesem ungezogenen Jungen ein Wort zu sagen. Er hat mich gestern auf der Place de la Concorde getroffen und sich nicht vor mir verbeugt.“

„Was, Baron Deutz? Er konnte dich nicht gesehen haben!“

„Er hat mich sehr gut gesehen. Aber er war bei seinen Leuten. Ich werde ihn auf Toast haben. Passt nur auf, meine Lieben.“

Sie rief ihn ganz leise:

"Deutz! Deutz!"

Der Baron kam lächelnd und selbstzufrieden auf sie zu und stützte seine Ellenbogen auf den Rand der Loge.

„Sagen Sie mir, Monsieur Deutz, als Sie mich gestern trafen, waren Sie in so schlechter Gesellschaft, dass Sie nicht den Hut vor mir zogen?"

Er sah sie erstaunt an.

„Ich? Ich war mit meiner Schwester zusammen."

"Oh!"

Auf der Bühne rief Marie-Claire, die an Durvilles Hals hing:

„Geh! Ob siegreich oder besiegt, ob im Glück oder Unglück, dein Ruhm wird gleichermaßen groß sein. Komme, was wolle, ich werde wissen, wie ich mich als die Frau eines Helden erweisen kann."

„Das reicht, Madame Marie-Claire!", sagte Pradel.

Gerade in diesem Moment machte Chevalier seinen Eintrag, und sofort ließ der Autor, sich die Haare ausreißend, eine Flut von Verwünschungen los:

„Nennen Sie das einen Eintrag? Es ist ein Sturz, eine Katastrophe, eine Katastrophe! Ihr Götter! Ein Meteor, ein Aerolith, ein Stück Mond, das auf die Bühne fällt, wäre weniger schrecklich katastrophal! Ich werde mein Stück aufführen!" Chevalier, kommen Sie noch einmal herein, mein Guter!"

Der Künstler, der die Kostüme entworfen hatte, Michel, ein blonder junger Mann mit Mystikerbart, saß in der ersten Reihe auf der Armlehne eines Standes. Er beugte sich vor und flüsterte Roger, dem Bühnenmaler, ins Ohr:

„Und wenn man bedenkt, dass es das sechsundfünfzigste Mal ist, dass er Chevalier mit der gleichen Wut angreift!"

„Nun, wissen Sie, Chevalier ist furchtbar schlecht", antwortete Roger ohne zu zögern.

„Es ist nicht so, dass er schlecht ist", erwiderte Michel nachsichtig. „Aber er scheint immer zu lachen, und für einen Komödienschauspieler könnte es nicht schlimmer sein. Ich kannte ihn, als er noch ein Kind war, auf dem Montmartre. In der Schule fragten ihn seine Lehrer immer: ‚Warum lachst du?' Er lachte nicht; er hatte keine Lust zu lachen; er bekam von morgens bis abends Ohrfeigen. Seine Eltern wollten ihn in eine Chemiefabrik stecken. Aber er träumte von der Bühne und verbrachte seine Tage auf dem Butte Montmartre im Atelier des Malers Montalent. Montalent arbeitete damals Tag und Nacht an seinem *Der Tod des Heiligen Ludwig* , einem riesigen Gemälde, das für die Kathedrale von Karthago in Auftrag gegeben wurde. Eines Tages sagte Montalent zu ihm –"

„Etwas weniger Lärm!", rief Pradel.

„Sagte zu ihm: ‚Chevalier, da Sie nichts zu tun haben, setzen Sie sich einfach für Philipp den Kühnen ein.' „Mit Vergnügen", sagte Montalent, er solle die Haltung eines vor Trauer gebeugten Mannes einnehmen, er drückte sich zwei Tränen in die Wangen, die so groß waren wie Brillengläser Drei Monate später erhielt er von Pater Cornemuse, dem Leiter der französischen Mission in Tunis, einen Brief, in dem er darüber informiert wurde, dass sein Gemälde „Der *Tod des Heiligen Ludwig*" dem Kardinal-Erzbischof vorgelegt worden sei. war von Seiner Eminenz abgelehnt worden, weil Montalent den unziemlichen Gesichtsausdruck von Philipp dem Kühnen hatte, als er zusah, wie der heilige König auf einem Strohbett starb war wütend und wollte gegen den Kardinal-Erzbischof vorgehen. Er packte es aus, betrachtete es in düsterem Schweigen und rief plötzlich: „Es ist wahr – Philippe der Kühne scheint sich zu spalten." Lachen. Was für ein Narr ich war! Ich habe ihm den Kopf von Chevalier gegeben, der immer zu lachen scheint, der Rohling!"'

„Wirst du da ruhig sein!" schrie Pradel.

Und der Autor rief aus:

„Pradel, mein lieber Junge, wirf einfach all diese Leute auf die Straße."

Unermüdlich arrangierte er die Szene:

„Ein Stückchen weiter, Trouville, dort. Chevalier, Sie gehen zum Tisch, nehmen die Dokumente eins nach dem anderen in die Hand und sagen: ‚Senatus-Consultum. Tagesordnung. Depeschen an die Abteilungen. Proklamation', Do." Du verstehst?"

„Ja, Meister. ‚Senatus-Consultum. Tagesordnung. Depeschen an die Abteilungen. Proklamation.'"

„Jetzt, Marie-Claire, mein Kind, noch ein bisschen Leben, verdammt noch mal! Überqueren Sie es! Das ist es!

Er rief den Bühnenmanager an.

„Romilly, gib uns etwas mehr Licht, man kann keinen Zentimeter sehen. Dauville, mein lieber Freund, was machst du da vor der Souffleure-Box! Du scheinst daran festzukleben! Versetze dich einfach einmal in deinen Kopf Alles in allem, dass Sie nicht die Statue von General Malet sind, dass Sie General Malet persönlich sind, dass mein Stück kein Katalog von Wachsfiguren ist, sondern eine lebendige, bewegende Tragödie, die einem die Tränen in die Augen treibt, und – —"

Ihm fehlten die Worte und er schluchzte lange in sein Taschentuch. Dann brüllte er:

„Heiliger Donner! Pradel! Romilly! Wo ist Romilly? Ah, da ist er, der Bösewicht! Romilly, ich habe dir gesagt, du sollst den Ofen näher an die Dachgaube stellen. Das hast du nicht getan. Woran denkst du, mein Freund? ?"

Die Probe wurde plötzlich durch eine ernste Schwierigkeit unterbrochen. Chevalier, der Überbringer von Dokumenten, von denen das Schicksal des Kaiserreichs abhing, sollte durch das Dachfenster aus seinem Gefängnis fliehen. Die Bühnenarbeit war noch nicht erledigt; es war unmöglich, dies zu tun, bevor die Bühnenausstattung abgeschlossen war. Nun stellte sich heraus, dass die Messungen falsch durchgeführt worden waren und das Dachfenster nicht zugänglich war.

Der Autor sprang auf die Bühne.

„Romilly, mein Freund, der Ofen steht nicht an der vorgesehenen Stelle. Wie können Sie von Chevalier erwarten, dass er durch das Dachfenster hinauskommt? Schieben Sie den Ofen sofort nach rechts.“

„Ich bin durchaus dazu bereit“, sagte Romilly, „aber wir werden die Tür versperren.“

„Was ist das? Sollen wir die Tür versperren?“

"Genau."

Der Intendant des Theaters, der Intendant, die Szenenschieber standen da und betrachteten das Bühnenbild mit düsterer Aufmerksamkeit, während der Autor schwieg.

„Keine Sorge, Meister“, sagte Chevalier. „Es besteht keine Notwendigkeit, etwas zu ändern. Ich werde schon in der Lage sein, herauszuspringen.“

Als er auf den Ofen kletterte, gelang es ihm tatsächlich, sich an der Fensterbank festzuhalten und sich hochzuziehen, bis seine Ellbogen darauf ruhten, eine Leistung, die unmöglich schien.

Ein Murmeln der Bewunderung erklang von der Bühne, den Kulissen und dem Haus. Chevalier hatte durch seine Stärke und Beweglichkeit einen erstaunlichen Eindruck hinterlassen.

"Prächtig!" rief der Autor aus. „Chevalier, mein Freund, das ist perfekt. Der Kerl ist so flink wie ein Affe. Ich würde gehängt, wenn einer von euch das schaffen könnte. Wenn alle Rollen in so guten Händen wären wie die von Florentin, würde das Stück gehen.“ in den Himmel gelobt werden.

Nanteuil bewunderte ihn in ihrer Loge fast. Für eine kurze Sekunde war er ihr mehr vorgekommen als ein Mensch, sowohl Mensch als auch Gorilla, und die Angst, die er ihr eingeflößt hatte, steigerte sich ins Unermessliche. Sie liebte ihn nicht; sie hatte ihn nie geliebt; sie begehrte ihn nicht; es war lange her, dass sie ihn wirklich gewollt hatte; und seit einigen Tagen konnte sie sich nicht vorstellen, an jemand anderem als Ligny Freude zu haben; aber wenn sie in diesem Moment mit Chevalier allein gewesen wäre, hätte sie sich machtlos gefühlt, und sie hätte versucht, ihn durch ihre Unterwerfung zu besänftigen, wie man eine übernatürliche Macht besänftigt.

Während auf der Bühne ein Empire-*Salon* von den Fliegen heruntergelassen wurde, hielt der Autor trotz des Lärms des Fahrwerks und der Erdung der Stützen die gesamte Gesellschaft sowie alle Supers in der Mulde seine Hand und gab ihnen gleichzeitig alle Ratschläge oder erklärte ihnen, was er von ihnen wollte.

„Sie, die große Frau, die Kuchenverkäuferin, Madame Ravaud, haben Sie noch nie die Frauen auf den Champs-Élysées rufen hören: ,Iss satt, meine Damen! Hier entlang für einen Leckerbissen!' Es wird einfach bis morgen *gesungen* . Und du, Trommlerjunge, ich werde dir einfach beibringen, wie man die Rolle schlägt, mein Kind, was zum Teufel! Machen Sie auf einem Ball des Polizeiministers, wenn Sie keine Strümpfe mit goldenen Uhren haben? Das ist das allerletzte Stück, das ich in diesem Theater aufführen werde der 10. Kohorte? Also, mein Freund, Ihre Soldaten marschieren vorbei wie so viele Schweine, kommen Sie ein wenig vor, damit ich Ihnen das Knicks beibringen kann.

Er hatte hundert Augen, hundert Münder und überall Arme und Beine.

Im Haus schüttelte Romilly Monsieur Gombaut von der Akademie der Moralwissenschaften, der als Nachbar vorbeigekommen war, die Hand.

„Sie können sagen, was Sie wollen, Monsieur Gombaut, es ist vielleicht nicht ganz zutreffend, was die Fakten betrifft, aber es ist ein Drama.“

„Malets Verschwörung“, antwortete Monsieur Gombaut, „bleibt und wird zweifellos noch lange ein historisches Rätsel bleiben. Der Autor dieses Dramas hat die unklaren Punkte ausgenutzt, um dramatische Elemente einzuführen. Aber was? Meiner Meinung nach besteht kein Zweifel daran, dass General Malet, obwohl er mit den Royalisten verbunden war, selbst Republikaner war und sich für die Wiederherstellung einer Volksregierung einsetzte Erhabene und tiefgründige Äußerung, als der Vorsitzende des Kriegsgerichts ihn fragte: „Wer waren Ihre Komplizen?“ Malet antwortete: „Ganz Frankreich und Sie selbst hätten es geschafft.“

Am Rand von Nanteuils Loge lehnte ein alter Bildhauer, so ehrwürdig und so schön wie ein alter Satyr, und blickte mit glitzernden Augen und lächelnden Lippen auf die Bühne, die sich in diesem Moment in einem Zustand der Aufregung und Verwirrung befand.

„Sind Sie mit dem Stück zufrieden, Meister?" Nanteuil fragte ihn.

Und der Meister, der nur für Knochen, Sehnen und Muskeln ein Auge hatte, antwortete:

„Ja, tatsächlich, Mademoiselle; ja, tatsächlich! Ich sehe da drüben ein kleines Geschöpf, die kleine Midi, deren Schulteransatz ein Juwel ist."

Er skizzierte es mit seinem Daumen. Tränen stiegen ihm in die Augen.

Chevalier fragte, ob er die Loge betreten dürfe. Er war glücklich, weniger wegen seines großartigen Erfolgs als vielmehr wegen des Wiedersehens mit Félicie. In seiner Verliebtheit träumte er, dass sie seinetwegen gekommen sei, dass sie ihn liebte, dass sie zu ihm zurückkehren würde.

Sie fürchtete ihn, und da sie schüchtern war, schmeichelte sie ihm.

„Ich gratuliere Ihnen, Chevalier. Sie waren einfach umwerfend. Ihr Abgang ist ein Wunder. Sie können sich auf mein Wort verlassen. Ich bin nicht der Einzige, der das sagt. Fagette fand Sie wunderbar."

"Wirklich?" fragte Chevalier.

Es war einer der glücklichsten Momente seines Lebens.

Aus den verlassenen Höhen der dritten Galerie ertönte eine kreischende Stimme, die wie das Pfeifen einer Lokomotive durch das Haus hallte.

„Man kann kein Wort hören, das ihr sagt, meine Kinder; sprecht lauter und sprecht eure Worte deutlich aus!"

Der Autor erschien, unendlich klein, im Schatten der Kuppel.

Daraufhin wurde der Ausspruch der Spieler, die sich vorne auf der Bühne um eine Naphtha-Fackel versammelt hatten, deutlicher:

„Der Kaiser wird den Truppen erlauben, sich einige Wochen in Moskau auszuruhen; dann wird er mit der Schnelligkeit eines Adlers auf St. Petersburg herabstürzen."

„Pik, Kreuz, Trumpf, zwei Punkte für mich."

„Dort werden wir den Winter verbringen, und im nächsten Frühling werden wir nach Indien vordringen und Persien durchqueren, und die britische Macht wird der Vergangenheit angehören."

„Sechsunddreißig in Diamanten."

„Und ich die vier Asse."

„Übrigens, meine Herren, was sagen Sie zum kaiserlichen Erlass über die Schauspieler von Paris aus dem Kreml? Die Streitereien zwischen Mademoiselle Mars und Mademoiselle Leverd haben ein Ende."

„Sehen Sie sich Fagette an", sagte Nanteuil. „Sie ist bezaubernd in diesem blauen Marie-Louise-Kleid mit Chinchillabesatz."

Madame Doulce holte unter ihrem Pelz einen Stapel Fahrkarten hervor, die bereits verschmutzt waren, weil sie zu häufig angeboten worden waren.

„Meister", sagte sie und wandte sich an Constantin Marc, „Sie wissen, dass ich am nächsten Sonntag eine Lesung der besten Briefe von Madame de Sévigné mit entsprechenden Bemerkungen zum Wohle der drei armen Waisenkinder halten werde, die Lacour zurückgelassen hat Schauspieler, die diesen Winter auf so beklagenswerte Weise gestorben sind.

„Hatte er Talent?" fragte Constantin Marc.

„Überhaupt nichts", sagte Nanteuil.

„Nun, inwiefern ist sein Tod bedauerlich?"

„Oh, Meister", seufzte Madame Doulce, „tun Sie nicht so, als wären Sie gefühllos."

„Ich gebe nicht vor, gefühllos zu sein. Aber hier ist etwas, das mich überrascht: der Wert, den wir dem Leben derer beimessen, die für uns nicht das geringste Interesse haben. Wir scheinen zu glauben, dass das Leben an sich etwas Kostbares ist." . Doch die Natur lehrt uns deutlich, dass nichts wertloser und verächtlicher ist. Jeder von uns hielt sein eigenes Leben für unendlich wertvoll, aber er beteuerte keinerlei Respekt vor dem Leben anderer . Wir waren damals der Natur näher und wurden dazu geschaffen, einander zu verschlingen. Während wir uns gegenseitig verschlingen, erklären wir, dass das Leben heilig ist Wagen Sie es zu bekennen, dass das Leben Mord ist.

„Dieses Leben ist Mord", wiederholte Chevalier verträumt, ohne die Bedeutung der Worte zu begreifen.

Dann sprudelte aus ihm eine Reihe nebulöser Ideen hervor:

„Mord und Blutvergießen, das mag sein! Aber amüsantes Blutvergießen und komischer Mord. Das Leben ist eine burleske Katastrophe, eine schreckliche Komödie, die Karnevalsmaske über blutbefleckten Wangen. Das ist es, was das Leben für den Künstler bedeutet; den Künstler auf der Bühne und den Künstler in Aktion."

Nanteuil suchte unbehaglich nach dem Sinn dieser verworrenen Sätze.

Der Schauspieler fuhr aufgeregt fort:

„Das Leben ist noch etwas anderes: Es ist die Blume und das Messer, es bedeutet, an einem Tag rot und am nächsten blau zu sehen, es ist Hass und Liebe, hinreißender, entzückender Hass, grausame Liebe."

„Monsieur Chevalier", fragte Constantin Marc im ruhigsten Ton, „scheint es Ihnen nicht natürlich, ein Mörder zu sein, und glauben Sie nicht, dass es nur die Angst, getötet zu werden, ist, die uns vom Töten abhält?"

Chevalier antwortete in tiefem, nachdenklichem Ton:

„Mit Sicherheit nicht! Es wäre nicht die Angst vor dem Tod, die mich vom Töten abhalten würde. Ich habe keine Angst vor dem Tod. Aber ich habe Respekt vor dem Leben anderer. Ich bin trotz allem menschlich. Ich habe dafür Ich habe vor einiger Zeit ernsthaft über die Frage nachgedacht, die Sie mir gerade gestellt haben, Monsieur Constantin Marc. Ich habe Tag und Nacht darüber nachgedacht und weiß jetzt, dass ich niemanden töten könnte.

Daraufhin warf ihm Nanteuil voller Freude einen verächtlichen Blick zu. Sie hatte keine Angst mehr vor ihm und konnte ihm nicht verzeihen, dass er sie beunruhigt hatte.

Sie erhob sich.

„Guten Abend, ich habe Kopfschmerzen. Auf Wiedersehen bis morgen, Monsieur Constantin Marc." Und sie ging zügig hinaus.

Chevalier rannte ihr den Korridor entlang nach, stieg hinter ihr die Bühnentreppe hinunter und gesellte sich zu ihr an der Loge des Bühnentürwächters.

„Félicie, komm und speise heute Abend mit mir in unserem Kabarett. Ich wäre so froh, wenn du würdest! Willst du?"

„Mein Gott, nein!"

„Warum willst du nicht?"

„Lass mich in Ruhe, du nervst mich!"

Sie versuchte zu fliehen. Er hielt sie fest.

„Ich liebe dich so sehr! Sei nicht zu grausam zu mir!"

Sie machte einen Schritt auf ihn zu und zischte ihm ins Ohr:

„Es ist alles vorbei, vorbei, vorbei! Hörst du mich? Ich habe die Nase voll von dir.“

Dann sagte er sehr sanft und feierlich:

„Es ist das letzte Mal, dass wir beide miteinander sprechen. Hören Sie, Félicie, bevor es zu einer Tragödie kommt, sollte ich Sie warnen. Ich kann Sie nicht zwingen, mich zu lieben. Aber ich habe nicht die Absicht, dass Sie einen anderen lieben. Zum Schluss.“ Wenn ich Ihnen rate, Monsieur de Ligny nicht wiederzusehen, werde ich verhindern, dass Sie zu ihm gehören.

„Du wirst mich daran hindern? Du? Mein armer lieber Kerl!“

In einem noch sanfteren Ton antwortete er:

„Ich meine es ernst; ich werde es tun. Ein Mann kann bekommen, was er will; nur er muss den Preis zahlen.“

KAPITEL V

zurückkehrte , brach sie in Tränen aus. Sie sah, wie Chevalier sie noch einmal mit verzweifelter Stimme und dem Gesichtsausdruck eines armen Mannes anflehte. Sie hatte diese Stimme gehört und diesen Gesichtsausdruck gesehen, als sie auf der Landstraße an vor Müdigkeit erschöpften Landstreichern vorbeikam, als ihre Mutter sie aus Angst vor Lungenschäden mitgenommen hatte, um den Winter nach Antibes bei einer wohlhabenden Tante zu verbringen. Sie verachtete Chevalier wegen seiner Sanftmut und ruhigen Art. Aber die Erinnerung an dieses Gesicht und diese Stimme beunruhigte sie. Sie konnte nicht essen, sie hatte das Gefühl zu ersticken. Am Abend wurde sie von solch entsetzlichen inneren Schmerzen befallen, dass sie glaubte, sie müsse sterben. Sie glaubte, dass dieses Gefühl der Erschöpfung auf die Tatsache zurückzuführen sei, dass es zwei Tage her sei, seit sie Robert gesehen habe. Es war erst neun Uhr. Sie hoffte, dass sie ihn noch zu Hause finden und ihren Hut aufsetzen würde.

„Mama, ich muss heute Abend ins Theater. Ich habe frei."

Aus Rücksicht auf ihre Mutter pflegte sie solche verschleierten Erklärungen abzugeben.

„Geh, mein Kind, aber komm nicht zu spät nach Hause."

Ligny lebte bei seinen Eltern. Er hatte im obersten Stockwerk des charmanten Hauses in der Rue Vernet eine kleine Junggesellenwohnung mit runden Fenstern, die er sein „oeil-de-boeuf" nannte. Félicie ließ durch den Portier wissen, dass eine Dame in einer Kutsche auf ihn wartete. Ligny mochte es nicht, wenn Frauen im Kreise seiner Familie zu oft nach ihm suchten. Sein Vater, der im diplomatischen Dienst stand und sich intensiv mit den ausländischen Interessen des Landes beschäftigte, blieb in einem unglaublichen Zustand der Unwissenheit darüber, was in seinem eigenen Haus vor sich ging. Aber Madame de Ligny war entschlossen, dass in ihrem Haus die Anstandsregeln des Lebens beachtet werden sollten, und ihr Sohn achtete sorgfältig darauf, ihren Ansprüchen in puncto äußerer Erscheinung gerecht zu werden, da sie den Dingen nie auf den Grund gingen. Sie ließ ihm vollkommen die Freiheit, dort zu lieben, wo er wollte, und nur selten, in ernsten und expansiven Momenten, deutete sie an, dass es für junge Männer von Vorteil sei, die Bekanntschaft mit Frauen ihrer eigenen Klasse zu pflegen. Daher hatte Robert Félicie stets davon abgehalten, zu ihm in die Rue Vernet zu kommen. Er hatte am Boulevard de Villiers ein kleines Haus gemietet, wo sie sich in völliger Freiheit treffen konnten. Aber bei dieser

Gelegenheit, nachdem er sie zwei Tage lang nicht gesehen hatte, freute er sich sehr über ihren unerwarteten Besuch und kam sofort herunter.

Zurückgelehnt im Taxi fuhren sie im ruhigen Tempo ihres alten Kutschers durch die Dunkelheit und den Schnee durch die Straßen und Boulevards, während die Dunkelheit der Nacht ihr Liebesspiel verdeckte.

An ihrer Tür sagte er, nachdem er ihr Zuhause gesehen hatte:

„Auf Wiedersehen bis morgen.“

„Ja, morgen, Boulevard de Villiers. Kommen Sie früh.“

Sie stützte sich auf ihn und bereitete sich darauf vor, aus dem Taxi auszusteigen. Plötzlich fuhr sie zurück.

„Da! Da! Zwischen den Bäumen. Er hat uns gesehen. Er hat uns beobachtet.“

"Wer denn?"

„Ein Mann – jemand, den ich nicht kenne.“

Sie hatte Chevalier gerade erkannt. Sie stieg aus, klingelte und wartete, eingekuschelt in Roberts Pelzmantel, zitternd darauf, dass sich die Tür öffnete. Als es geöffnet wurde, hielt sie ihn fest.

„Robert, wir sehen uns oben, ich habe Angst.“

Nicht ohne eine gewisse Ungeduld folgte er ihr die Treppe hinauf.

Chevalier hatte im kleinen Speisezimmer vor der Rüstung, die sie als Jeanne d'Arc zusammen mit Madame Nanteuil getragen hatte, bis ein Uhr morgens auf Félicie gewartet. Er war zu dieser Stunde gegangen und hatte auf dem Bürgersteig nach ihr Ausschau gehalten, und als er das Taxi vor der Tür halten sah, hatte er sich hinter einem Baum versteckt. Er wusste sehr gut, dass sie mit Ligny zurückkehren würde; aber als er sie zusammen sah, war es, als hätte die Erde unter ihm gegähnt, und damit er nicht zu Boden fiel, hatte er den Stamm des Baumes umklammert. Er blieb, bis Ligny das Haus verlassen hatte; Er sah ihm zu, wie er, in seinen Pelzmantel gehüllt, in die Droschke stieg, ein paar Schritte machte, als wollte er sich auf ihn stürzen, dann abrupt stehen blieb und dann mit großen Schritten den Boulevard hinunterging.

Er ging seines Weges, getrieben von Regen und Wind. Ihm war zu heiß, er nahm seinen Filzhut ab und empfand ein gewisses Vergnügen beim Gefühl der eisigen Wassertropfen auf seiner Stirn. Er war sich vage bewusst, dass Häuser, Bäume, Mauern und Lichter auf unbestimmte Zeit an ihm vorbeizogen; er wanderte weiter und träumte.

Er befand sich, ohne zu wissen, wie er dorthin gelangt war, auf einer Brücke, die er kaum kannte. Auf halber Höhe stand die kolossale Statue einer Frau. Sein Geist war jetzt ruhig; er hatte einen Entschluss gefasst. Es war eine alte Idee, die er nun wie ein Nagel in sein Gehirn getrieben hatte, der es durch und durch durchbohrte. Er untersuchte es nicht mehr. Kalt überlegte er, wie er das, was er sich vorgenommen hatte, in die Tat umsetzen konnte. Er ging aufs Geratewohl geradeaus, in Gedanken versunken und so ruhig wie ein Mathematiker.

Auf der Pont des Arts bemerkte er, dass ihm ein Hund folgte. Er war ein großer, langhaariger Bauernhofhund mit Augen in verschiedenen Farben, voller Sanftmut und einem Ausdruck unendlichen Kummers. Chevalier sprach zu ihm:

„Du hast kein Halsband. Du bist nicht glücklich. Armer Kerl, ich kann nichts für dich tun.“

Um vier Uhr morgens befand er sich in der Avenue de l'Observatoire. Als er die Häuser des Boulevard Saint-Michel erblickte, überkam ihn ein schmerzlicher Eindruck und er wandte sich abrupt wieder dem Observatorium zu. Der Hund war verschwunden. In der Nähe des Denkmals des Löwen von Belfort blieb Chevalier vor einem tiefen Graben stehen, der die Straße in zwei Teile schnitt. Am Ufer des Erdaushubs hielt ein alter Mann unter einer von vier Pfählen getragenen Plane Wache vor einem Kohlenbecken. Die Lappen seiner Kaninchenfellmütze reichten ihm bis über die Ohren; seine riesige Nase war flammend rot. Er hob den Kopf; Seine Augen, die tränten, schienen ganz weiß zu sein, ohne Pupillen, jede umschlossen von einem Ring aus Feuer und Tränen. Er stopfte in den Kopf seiner Cutty ein paar Reste Feldtabak, gemischt mit Semmelbröseln, die den Kopf seiner kleinen Pfeife nicht zur Hälfte füllten.

„Möchtest du etwas Tabak haben, alter Kerl?“ fragte Chevalier und bot ihm seinen Beutel an.

Die Antwort des Mannes ließ lange auf sich warten. Sein Verständnis war nicht schnell, und Höflichkeiten überraschten ihn. Schließlich öffnete er seinen ganz schwarzen Mund und sagte:

„Dazu werde ich nicht nein sagen.“

Er erhob sich halb von seinem Platz. Einer seiner Füße steckte in einem alten Pantoffel; der andere war in Lumpen gehüllt. Langsam, mit vor Kälte gefühllosen Händen, stopfte er seine Pfeife. Es schneite, ein Schnee, der beim Fallen schmolz.

„Sie werden mich entschuldigen?" sagte Chevalier, schlüpfte unter die Plane und setzte sich neben den alten Mann.

Von Zeit zu Zeit tauschten sie eine Bemerkung aus.

„Mieses Wetter!"

„Das erwarten wir in dieser Saison. Der Winter ist hart, der Sommer ist besser."

„Also kümmerst du dich nachts um die Arbeit, alter Kerl?"

Der alte Mann antwortete bereitwillig, als er gefragt wurde. Bevor er sprach, gab seine Kehle ein langes, sehr sanftes Murmeln von sich.

„Eines Tages mache ich das eine, das andere das andere. Gelegenheitsjobs. Sehen Sie?"

„Sie sind kein Pariser?"

„Nein, ich wurde in La Creuse geboren. Ich habe als Marine in den Vogesen gearbeitet. Ich bin dort in dem Jahr abgereist, in dem die Preußen und andere Ausländer kamen. Es waren Tausende von ihnen. Ich kann nicht verstehen, woher sie alle kamen. Vielleicht." Hast du vom Krieg der Preußen gehört, junger Mann?"

Er schwieg eine ganze Weile und fuhr dann fort:

„Du bist also auf Tour, mein Junge. Hast du noch keine Lust, wieder an die Arbeit zu gehen?"

„Ich bin Schauspieler", antwortete Chevalier.

Der alte Mann, der es nicht verstand, fragte:

„Wo sind deine Werke?"

Chevalier war bestrebt, die Bewunderung des alten Mannes zu erregen.

„Ich spiele Komödienrollen in einem großen Theater", sagte er. „Ich bin einer der Hauptdarsteller im Odéon. Kennen Sie das Odéon?"

Der Wächter schüttelte den Kopf. Nein, er kannte das Odéon nicht. Nach längerem Schweigen öffnete er noch einmal die schwarze Höhle seines Mundes:

„Und so, junger Mann, sind Sie auf freiem Fuß. Sie wollen doch nicht ins Werk zurückkehren, oder?"

Chevalier antwortete:

„Lesen Sie übermorgen die Zeitung, Sie werden meinen Namen darin sehen."

Der alte Mann versuchte, einen Sinn in diesen Worten zu erkennen, aber es war zu schwierig; er gab es auf und kehrte zu seinem gewohnten Gedankengang zurück.

„Wenn einer einmal auf freiem Fuß ist, dann manchmal für Wochen und Monate."

Bei Tagesanbruch setzte Chevalier seine Wanderung fort. Der Himmel war milchig. Schwere Räder durchbrachen die Stille der gepflasterten Straßen. Hier und da hallten Stimmen durch die scharfe Luft. Der Schnee fiel nicht mehr. Er ging planlos weiter. Der Anblick des erwachenden Lebens in der Stadt erfüllte ihn fast mit Heiterkeit. Auf der Pont des Arts blieb er lange stehen und beobachtete die vorbeiströmende Seine, dann setzte er seinen Weg fort. Auf dem Place du Havre sah er ein geöffnetes Café. Ein schwacher Morgendämmerungsstreifen färbte die Vorderfenster rot. Die Kellner schleiften das Pflaster ab und stellten die Tische auf. Er warf sich auf einen Stuhl.

„Kellner, ein Absinth."

KAPITEL VI

Im Taxi, jenseits der Befestigungsanlagen, die von einem verlassenen Boulevard gesäumt wurden, umarmten sich Félicie und Robert eng.

„Liebst du deine eigene Félicie nicht? Sag es mir! Schmeichelt es deiner Eitelkeit nicht, eine kleine Frau zu besitzen, die die Leute dazu bringt, sie zu jubeln und zu klatschen, über die in den Zeitungen geschrieben wird? Mama klebt alle meine Notizen in ihr Album. Das Album ist bereits voll."

Er antwortete, dass er nicht darauf gewartet habe, dass sie Erfolg habe, bevor er entdeckte, wie bezaubernd sie sei; und tatsächlich hatte ihre Liaison begonnen, als sie im Rahmen einer gescheiterten Wiederaufführung einen obskuren ersten Auftritt im Odéon hatte.

„Als du mir gesagt hast, dass du mich willst, habe ich dich doch nicht warten lassen, oder? Wir haben nicht lange damit gewartet! Hatte ich nicht recht? Du bist zu vernünftig, um schlecht über mich zu denken, weil ich es nicht getan habe." Als ich dich zum ersten Mal sah, hatte ich das Gefühl, ich würde dir gehören, also habe ich es nicht bereut, oder?

Das Taxi hielt in unmittelbarer Nähe der Befestigungsanlagen vor einem Gartengeländer.

Dieses schon lange nicht mehr gestrichene Geländer stand auf einer mit Kieselsteinen verkleideten Mauer und war niedrig und breit genug, dass sich Kinder darauf niederlassen konnten. Es war auf halber Höhe durch eine Eisenplatte mit gezahnter Kante abgeschirmt, und seine rostigen Spitzen ragten nicht mehr als drei Meter über den Boden. In der Mitte, zwischen zwei Säulen aus Mauerwerk, die von gusseisernen Vasen gekrönt waren, bildete das Geländer in der Mitte eine Toröffnung, die im unteren Teil ausgefüllt und innen mit wurmstichigen Lamellenläden versehen war.

Sie stiegen aus dem Taxi. Die Bäume des Boulevards hoben in vier geraden Reihen ihre zerbrechlichen Skelette in den Nebel. Sie hörten durch die weite Stille das nachlassende Rattern ihres Taxis auf dem Weg zurück zur Schranke und das Traben eines Pferdes, das aus Paris kam.

„Wie trostlos das Land ist!" sagte sie mit einem Schauder.

„Aber mein Liebling, der Boulevard de Villiers ist nicht das Land."

Er konnte das Tor nicht öffnen und das Schloss knarrte. Verärgert über das Geräusch sagte sie:

„Machen Sie es auf, tun Sie es: Der Lärm geht mir auf die Nerven."

Sie bemerkte, dass das Taxi, das aus Paris gekommen war, in der Nähe ihres Hauses angehalten hatte, etwa am zehnten Baum von ihrem Standort entfernt; Sie sah das dünne, dampfende Pferd und den schäbigen Kutscher an und fragte:

„Was ist das für eine Kutsche?"

„Es ist ein Taxi, mein Haustier."

„Warum hört es hier auf?"

„Hier hat es nicht aufgehört? Es bleibt vor dem nächsten Haus stehen."

„Es gibt kein nächstes Haus; es gibt nur ein unbebautes Grundstück."

„Na dann ist es vor einem unbebauten Grundstück stehengeblieben. Was kann ich Ihnen noch sagen?"

„Ich glaube nicht, dass irgendjemand da rauskommt."

„Der Fahrer wartet vielleicht auf ein Fahrgeld."

„Was, vor einer Baulücke!"

„Wahrscheinlich, meine Liebe. Dieses Schloss ist rostig."

Sie kroch hinter den Bäumen versteckt zu der Stelle, an der das Taxi angehalten hatte, und kehrte dann zu Ligny zurück, dem es gelungen war, das Tor aufzuschließen.

„Robert, die Jalousien des Taxis sind heruntergelassen."

„Na dann ist da drinnen ein Liebespaar."

„Glauben Sie nicht, dass an diesem Taxi etwas Seltsames ist?"

„Es ist keine Schönheitssache, aber alle Taxis sind hässlich. Treten Sie ein."

„Verfolgt uns nicht jemand?"

„Von wem erwarten Sie, dass er uns folgt?"

„Ich weiß es nicht. Eine deiner Freundinnen."

Aber sie sagte nicht, was in ihren Gedanken vorging.

„Komm doch rein, mein Schatz."

Als sie den Garten betrat, sagte sie:

„Achten Sie darauf, das Tor richtig zu schließen, Robert."

Vor ihnen erstreckte sich ein kleines ovales Grasgrundstück.

Dahinter stand das Haus mit seinen drei Stufen, geschützt von einem Zinkportikus, seinen sechs Fenstern und seinem Schieferdach.

Ligny hatte es für ein Jahr von einem alten Kaufmann gemietet, der es satt hatte, weil nächtliche Streuner seine Hühner und Kaninchen stahlen. Auf beiden Seiten des Rasengrundstücks führte ein Kiesweg zu den Stufen. Sie nahmen den Weg rechts. Der Kies knarrte unter ihren Füßen.

„Madame Simonneau hat vergessen, die Fensterläden wieder zu schließen", sagte Ligny.

Madame Simonneau war eine Frau aus Neuilly, die jeden Morgen kam, um aufzuräumen.

Ein großer, zur Seite geneigter und allem Anschein nach toter Judasbaum streckte einen seiner runden schwarzen Zweige bis zum Portikus.

„Dieser Baum gefällt mir nicht ganz", sagte Félicie; „Seine Zweige ähneln großen Schlangen. Einer von ihnen reicht fast bis in unser Zimmer."

Sie gingen die drei Vorderstufen hinauf; und während er in seinem Schlüsselbund nach dem Schlüssel für die Haustür suchte, legte sie ihren Kopf auf seine Schulter.

<hr>

Als Félicie ihre Schönheit enthüllte, zeigte sie einen gelassenen Stolz, der sie bezaubernd machte. Sie offenbarte in ihrer Nacktheit eine so stille Befriedigung, dass ihr Hemd, als es ihr zu Füßen fiel, den Betrachter an einen weißen Pfau denken ließ.

Und als Robert sie in ihrer Nacktheit sah, so hell wie die Bäche oder Sterne, sagte er:

„Wenigstens lässt du dich nicht belästigen! Es ist merkwürdig: Es gibt Frauen, die, auch wenn man sie um nichts bittet, sich völlig hingeben, so weit gehen, wie es nur geht, und doch immer Sie lassen dich nicht einmal einen Fingerbreit Haut sehen."

"Warum?" fragte Félicie und spielte mit den luftigen Fäden ihres Haares.

Robert de Ligny hatte Erfahrung mit Frauen. Dennoch war ihm nicht klar, was für eine heimtückische Frage das war. Er hatte eine gewisse Ausbildung in Moralwissenschaften erhalten und ließ sich bei seiner Antwort von den Professoren inspirieren, deren Vorlesungen er besucht hatte.

„Es ist zweifellos eine Frage der Ausbildung, religiöser Prinzipien und eines angeborenen Gefühls, das auch dann überlebt, wenn –"

Das war überhaupt nicht das, was er hätte antworten sollen, denn Félicie zuckte mit den Schultern, legte die Hände auf ihre glatt polierten Hüften und unterbrach ihn scharf:

„Nun, du bist einfältig! Das liegt daran, dass sie schlechte Figuren haben! Ausbildung! Religion! Es bringt mich zum Kochen, solchen Blödsinn zu hören! Bin ich schlechter erzogen worden als andere Frauen? Habe ich weniger Religion als sie? Sag es mir.", Robert, wie viele wirklich gut gemachte Frauen hast du schon einmal gesehen? Ja, es gibt jede Menge Frauen, die sich nicht einmal die Schultern zeigen lassen Sehen Sie, wie sie sich auszieht. Wenn sie ein sauberes Hemd anzieht, hält sie das alte zwischen ihren Zähnen. Natürlich würde ich dasselbe tun, wenn ich so gebaut wäre wie sie!

Sie verfiel wieder ins Schweigen, strich sich mit stiller Arroganz langsam mit den Handflächen über die Seiten und die Lenden und bemerkte stolz:

„Und das Beste daran ist, dass es nirgendwo zu viel von mir gibt."

Sie war sich des Charmes bewusst, den die anmutige Schlankheit ihrer Umrisse ihrer Schönheit verlieh.

Jetzt war ihr Kopf, auf das Kissen zurückgeworfen, in den Massen ihrer goldenen Locken gebadet, die in alle Richtungen wehten; Ihr schlanker Körper, leicht angehoben durch ein Kissen, das unter ihre Lenden geschoben wurde, lag regungslos in voller Länge da; Ein glänzendes Bein erstreckte sich über die Bettkante und endete in einem scharf gemeißelten Fuß, der einer Schwertspitze ähnelte. Das Licht des großen Feuers, das im Kamin entzündet worden war, vergoldete ihre Haut, warf pulsierende Lichter und Schatten auf ihren reglosen Körper und hüllte ihn in Geheimnis und Pracht, während ihre Oberbekleidung und ihre Unterwäsche, die auf den Stühlen und dem Teppich lagen, wartete wie eine fügsame Herde.

Sie stützte sich auf den Ellbogen und stützte ihre Wange in ihre Hand.

„Du bist der Erste, das bist du wirklich, ich lüge nicht: Die anderen existieren nicht."

Er empfand keine Eifersucht gegenüber der Vergangenheit; er hatte keine Angst vor Vergleichen. Er fragte sie:

„Dann die anderen?"

„Anfangs gab es nur zwei: meinen Professor, und der zählt natürlich nicht, und da war der Mann, von dem ich Ihnen erzählt habe, ein solider Mensch, den mir meine Mutter aufgehalst hat."

"Nicht mehr?"

"Ich schwöre es."

„Und Chevalier?“

„Chevalier? Er? Meine Güte, nein! Du hättest nicht gewollt, dass ich ihn ansehe!“

„Und der solide Mensch, den deine Mutter gefunden hat, zählt auch nicht mehr?“

„Ich versichere dir, dass ich neben dir eine andere Frau bin. Es ist die feierliche Wahrheit, dass du die erste bist, die mich besitzt. Es ist trotzdem seltsam. Als ich dich sah, wollte ich dich. Ganz plötzlich hatte ich das Gefühl, dass ich es tun musste.“ Hast du es irgendwie gespürt? Es fällt mir sehr schwer zu sagen, bei deinem konventionellen, steifen, kalten Benehmen und deinem Aussehen. Du hast mir gefallen, das war alles! Und jetzt könnte ich nicht ohne dich auskommen.

Er versicherte ihr, dass er bei ihrer Kapitulation köstlich überrascht gewesen sei; Er sagte alle möglichen hübschen, zärtlichen Dinge, die alles schon einmal gesagt worden waren.

Sie nahm seinen Kopf in ihre Hände und sagte:

„Du hast wirklich die Zähne eines Wolfes. Ich glaube, es waren deine Zähne, die mich am ersten Tag dazu gebracht haben, dich zu wollen. Beiß mich!“

Er drückte sie an seine Brust und spürte, wie ihr fester, geschmeidiger Körper auf seine Umarmung reagierte. Plötzlich ließ sie sich los:

„Hörst du nicht den Kies knarren?“

"NEIN."

„Hör zu: Ich höre Schritte auf dem Weg.“

Aufrecht sitzend, den Körper nach vorne gebeugt, spitzte sie die Ohren.

Er war enttäuscht, aufgeregt, gereizt und vielleicht war sein Selbstwertgefühl leicht verletzt.

„Was ist mit dir los? Es ist absurd.“

Sie rief sehr laut:

„Halten Sie den Mund!“

Sie lauschte aufmerksam auf ein leises Geräusch in ihrer Nähe, als ob Äste brechen würden.

Plötzlich sprang sie mit einer solchen instinktiven Gewandtheit aus dem Bett, mit einer Bewegung, die so sehr an den schnellen Sprung eines jungen Tieres erinnerte, dass Ligny, obwohl er keineswegs eine literarische Gesinnung hatte, an die in eine Frau verwandelte Katze dachte.

„Bist du verrückt? Wohin gehst du?"

Sie zog eine Ecke des Vorhangs hoch, wischte die Feuchtigkeit von der Ecke einer Fensterscheibe und spähte durch das Fenster hinaus. Sie sah nichts als die Nacht. Der Lärm hatte völlig aufgehört.

Während dieser Zeit murrte Ligny, der launisch an der Wand lag:

„Wie du willst, aber wenn du dich erkältest, umso schlimmer für dich!"

Sie glitt zurück ins Bett. Zunächst blieb er etwas verärgert; aber sie umhüllte ihn mit der köstlichen Frische ihres Körpers.

Als sie zu sich kamen, waren sie überrascht, als sie auf einer ihrer Uhren sahen, dass es sieben Uhr war.

Ligny zündete die Lampe an, eine Petroleumlampe, die auf einer Säule stand und in der sich ein Behälter aus geschliffenem Glas befand, in dessen Inneren der Docht wie ein Bandwurm zusammengerollt war. Félicie zog sich sehr schnell an. Sie mussten über eine dunkle und schmale Holztreppe eine Etage hinuntersteigen. Er ging mit der Lampe voran und blieb im Flur stehen.

„Du gehst raus, Liebling, bevor ich die Lampe auslösche."

Sie öffnete die Tür und zuckte sofort mit einem lauten Schrei zurück. Sie hatte Chevalier auf der Außentreppe stehen sehen, mit ausgestreckten Armen, groß, schwarz, aufrecht wie ein Kruzifix. Seine Hand umfasste einen Revolver. Das Glitzern der Waffe war nicht wahrnehmbar; dennoch sah sie es ganz deutlich.

"Was ist los?" fragte Ligny, die den Docht der Lampe herunterdrehte.

„Hör zu, aber komm mir nicht zu nahe!" rief Chevalier mit lauter Stimme. „Ich verbiete euch, zueinander zu gehören. Das ist mein letzter Wunsch. Auf Wiedersehen, Félicie."

Und er steckte den Lauf des Revolvers in seinen Mund.

Sie kauerte an der Wand des Durchgangs und schloss die Augen. Als sie sie wieder öffnete, lag Chevalier auf der anderen Seite der Tür. Seine Augen waren weit geöffnet und er schien sie mit einem Lächeln anzusehen. Aus seinem Mund tropfte ein Blutfaden über die Steinplatten der Veranda. Ein krampfhaftes Zittern erschütterte seinen Arm. Dann hörte er auf, sich zu bewegen. Als er dort lag, zusammengekauert; er schien kleiner als gewöhnlich zu sein.

Als Ligny den Knall des Revolvers hörte, war er eilig vorgetreten. In der Dunkelheit der Nacht hob er den Körper hoch, ließ ihn sofort sanft auf den Boden sinken und versuchte, Streichhölzer anzuzünden, die der Wind jedoch sofort auslöschte. Schließlich sah er beim Aufflackern eines Streichholzes, dass die Kugel einen Teil des Schädels weggerissen hatte und dass die Hirnhäute auf einer Fläche von der Größe einer Handfläche freigelegt waren; Dieses Gebiet war grau, blutdurchströmt und von sehr unregelmäßiger Form; seine Umrisse erinnerten Ligny an die Karte von Afrika. Er verspürte plötzlich ein Gefühl des Respekts in der Gegenwart dieses toten Mannes. Er legte seine Hände unter die Achselhöhlen und zerrte Chevalier mit den geringsten Vorsichtsmaßnahmen in das Nebenzimmer. Er ließ ihn dort zurück, eilte durch das Haus auf der Suche nach Félicie und rief sie.

Er fand sie im Schlafzimmer, den Kopf unter der Decke des ungemachten Bettes vergraben, und rief: „Mama! Mama!" und wiederholte Gebete.

„Bleib nicht hier, Félicie."

Sie ging mit ihm nach unten. Aber als sie die Halle erreichte, sagte sie:

„Sie wissen sehr gut, dass wir so nicht ausgehen können."

Er führte sie durch die Küchentür hinaus.

Kapitel VII

Allein im stillen Haus zurückgelassen, zündete Robert de Ligny die Lampe wieder an . In ihm begannen ernste und sogar etwas feierliche Stimmen zu sprechen. Von Kindheit an durch die Regeln der moralischen Verantwortung geprägt, verspürte er nun ein Gefühl schmerzlichen Bedauerns, das einer Reue ähnelte. Als er darüber nachdachte, dass er den Tod dieses Mannes verursacht hatte, wenn auch ohne es zu beabsichtigen oder zu wissen, fühlte er sich nicht ganz unschuldig. Bruchstücke seiner philosophischen und religiösen Ausbildung kehrten zu ihm zurück und beunruhigten sein Gewissen. Die in der Schule gelernten Phrasen von Moralisten und Predigern, die ihm tief ins Gedächtnis eingedrungen waren, kamen ihm plötzlich in den Sinn. Seine inneren Stimmen wiederholten sie ihm. Sie sagten und zitierten einen alten religiösen Redner: „Wenn wir uns Unregelmäßigkeiten im Verhalten hingeben, selbst denen, die nach Meinung der Welt als am wenigsten schuldig gelten, machen wir uns selbst dazu anfällig, die verwerflichsten Taten zu begehen. Wir erkennen die meisten." schreckliche Beispiele, dass Wollust zu Verbrechen führt.

Diese Grundsätze, über die er nie nachgedacht hatte, nahmen für ihn plötzlich eine präzise und strenge Bedeutung an. Er dachte ernsthaft über die Sache nach. Da sein Geist jedoch nicht tief religiös war und er nicht in der Lage war, übertriebene Skrupel zu hegen, war er sich nur eines passablen Maßes an Erbauung bewusst, das ständig abnahm. Bald entschied er, dass solche Skrupel fehl am Platz waren und dass sie unmöglich auf die Situation zutreffen konnten. „Wenn wir uns Unregelmäßigkeiten im Verhalten hingeben, selbst denen, die in der Meinung der Welt als am wenigsten strafbar gelten ... erkennen wir an den schrecklichsten Beispielen ..." Diese Sätze, die noch vor kurzem wie ein Donnerschlag durch seine Seele gehallt waren, hörte er jetzt in den schnaufenden und kehligen Stimmen der Professoren und Priester, die sie ihm beigebracht hatten, und er fand sie etwas lächerlich. Durch eine natürliche Gedankenassoziation erinnerte er sich an eine Stelle aus einer alten römischen Geschichte, die er während eines bestimmten Studienkurses in der zweiten Klasse gelesen hatte und die sich ihm eingeprägt hatte – ein paar Zeilen über eine Dame, die des Ehebruchs für schuldig befunden und beschuldigt wurde, Rom in Brand gesteckt zu haben. „Es ist so wahr", so der Kommentar des Historikers, „dass eine Person, die die Gesetze der Keuschheit verletzt, zu jedem Verbrechen fähig ist." Er lächelte innerlich bei dieser Erinnerung, denn er dachte, dass die Moralisten schließlich doch seltsame Vorstellungen vom Leben hatten.

Der Docht war verkohlt und gab nicht genügend Licht ab. Er konnte es nicht auslöschen und es stank fürchterlich nach Paraffin. Als er an den Autor der Passage über die römische Dame dachte, sagte er sich: „Es war wirklich eine seltsame Idee, die ihm da in den Sinn gekommen ist!"

Er fühlte sich in seiner Unschuld beruhigt. Sein leichtes Gewissen war völlig verflogen, und er konnte sich nicht vorstellen, wie er sich auch nur für einen Moment für Chevaliers Tod verantwortlich machen konnte. Doch die Affäre machte ihm Sorgen.

Plötzlich dachte er: „Angenommen, er wäre noch am Leben!"

Vor einiger Zeit hatte er für eine Sekunde im Licht eines Streichholzes, das beim Anzünden ausblies, das Loch im Schädel des Schauspielers gesehen. Aber was wäre, wenn er falsch gesehen hätte? Was wäre, wenn er eine bloße Abschürfung der Haut für eine schwere Verletzung des Gehirns und des Schädels gehalten hätte? Behält ein Mann in den ersten Momenten der Überraschung und des Schreckens sein Urteilsvermögen? Eine Wunde kann abscheulich sein, ohne tödlich zu sein, oder sogar besonders ernst. Es hatte ihm sicherlich so vorgekommen, als sei der Mann tot. Aber war er ein Mediziner, der mit Sicherheit urteilen konnte?

Er verlor alle Geduld mit dem Docht, der immer noch verkohlte, und murmelte:

„Diese Lampe reicht aus, um einen zu vergiften."

Dann erinnerte er sich an einen für Dr. Sokrates typischen Redetrick, dessen Ursprung er nicht kannte, und wiederholte im Geiste:

„Diese Lampe stinkt wie sechsunddreißig Wagenladungen Teufel."

Ihm fielen mehrere fehlgeschlagene Selbstmordversuche ein. Er erinnerte sich, in einer Zeitung gelesen zu haben, dass ein verheirateter Mann, nachdem er seine Frau getötet hatte, wie Chevalier seinen Revolver in seinen Mund geschossen hatte, es ihm aber nur gelungen war, seinen Kiefer zu zertrümmern; Er erinnerte sich, dass in seinem Verein ein bekannter Sportler nach einem Kartenskandal versucht hatte, sich das Gehirn herauszublasen, dabei aber nur ein Ohr abgeschossen hatte. Diese Beispiele trafen mit erstaunlicher Genauigkeit auf Chevalier zu.

„Angenommen, er wäre nicht tot."

Er wünschte und hoffte allen Beweisen zum Trotz, dass der Unglückliche noch atmen und gerettet werden könnte. Er dachte daran, Verbandszeug zu holen und Erste Hilfe zu leisten. In der Absicht, den im Vorderzimmer liegenden Mann noch einmal zu untersuchen, hob er zu plötzlich die Lampe an, die immer noch nicht genügend Licht ausstrahlte, und löschte sie so aus. Daraufhin verlor er, überrascht von der plötzlichen Dunkelheit, die Geduld und rief:

„Verdammt, das verdammte Ding!"

Während er es wieder anzündete, schmeichelte er sich mit dem Gedanken, dass Chevalier, sobald er ins Krankenhaus gebracht worden war, das Bewusstsein wiedererlangen und leben würde, und sah ihn bereits auf den Beinen, auf seinen langen Beinen sitzend, heulend, räuspernd, höhnisch , sein eigenes der Wunsch nach seiner Genesung ließ nach; er fing sogar an, es nicht mehr zu begehren, es als lästig und rücksichtslos zu empfinden. Er fragte sich besorgt und mit einem Gefühl echten Unbehagens:

„Was in aller Welt würde er tun, wenn er zurückkäme, dieser düstere Schauspieler? Würde er ins Odéon zurückkehren? Würde er durch die Korridore schlendern und dabei seine große Narbe zur Schau stellen? Würde er ihn noch einmal um Félicie herumstreifen sehen müssen?"

Er hielt die brennende Lampe nah an den Körper und erkannte die blassfarbene, blutende Wunde, deren unregelmäßiger Umriss ihn an das Afrika seiner Schulkarten erinnerte.

Offensichtlich war der Tod augenblicklich eingetreten, und er verstand nicht, wie er auch nur einen Moment daran zweifeln konnte.

Er verließ das Haus und ging im Garten auf und ab. Das Bild der Wunde blitzte vor seinen Augen auf wie der Eindruck, den ein zu helles Licht verursacht. Es entfernte sich von ihm und nahm vor dem schwarzen Himmel an Größe zu; Es nahm die Form eines blassen Kontinents an, aus dem er Schwärme zerstreuter kleiner Schwarzer herausströmen sah, bewaffnet mit Pfeil und Bogen.

Er beschloss, als Erstes Madame Simonneau zu holen, die in der Nähe des Cafés am Boulevard Bineau wohnte. Er schloss vorsichtig das Tor und machte sich auf die Suche nach der Haushälterin. Als er auf dem Boulevard war, gewann er seinen Gleichmut zurück. Der Unfall bereitete ihm größtes Unbehagen; Er akzeptierte die vollendete Tatsache, aber er schimpfte angesichts der Umstände über das Schicksal. Da es einen Todesfall geben musste, stimmte er zu, dass es einen geben sollte, aber er hätte einen anderen vorgezogen. Ihm gegenüber verspürte er ein Gefühl des Ekels und des Abscheus. Er sagte sich vage:

„Ich gebe zu, dass es sich um einen Selbstmord handelt. Aber was nützt ein lächerlicher und deklamatorischer Selbstmord? Hätte sich der Kerl nicht zu Hause umbringen können? Hätte er es, wenn sein Entschluss unwiderruflich war, nicht diskret und mit angemessenem Stolz ausführen können?" Das hätte ein Gentleman in seiner Position getan. Dann hätte man vielleicht Mitleid mit ihm gehabt und sein Andenken respektiert.

Er erinnerte sich wörtlich an sein Gespräch mit Félicie im Schlafzimmer eine Stunde vor der Tragödie. Er fragte sie, ob sie nicht eine Zeit lang Chevaliers Geliebte gewesen sei. Er hatte sie das gefragt, nicht weil er es wissen wollte, denn daran hatte er kaum Zweifel, sondern um zu zeigen, dass er es wusste. Und sie hatte entrüstet geantwortet: „Chevalier? Er? Meine Güte, nein! Du hättest nicht gewollt, dass ich ihn ansehe!"

Er beschuldigte sie nicht, gelogen zu haben. Alle Frauen lügen. Er genoss vielmehr die anmutige und lockere Art, mit der sie den Kerl aus ihrer Vergangenheit vertrieben hatte. Aber er war verärgert über sie, weil sie sich einem minderwertigen Schauspieler hingegeben hatte. Chevalier verwöhnte Félicie für ihn. Warum nahm sie Liebhaber dieser Art? Fehlte es ihr an Geschmack? Hat sie nicht eine bestimmte Auswahl getroffen? Benahm sie sich wie eine Frau aus der Stadt? Fehlte ihr ein gewisser Sinn für Freundlichkeit, der Frauen warnt, was sie tun dürfen und was nicht? Wusste sie nicht, wie sie sich verhalten sollte? Nun ja, so etwas passierte, wenn Frauen keine Zucht hatten. Er machte Félicie für den Unfall verantwortlich und wurde von einem schweren Inkubus befreit.

Madame Simonneau war nicht zu Hause. Er erkundigte sich, wo sich die Kellner im Café, die Assistenten des Lebensmittelhändlers, die Mädchen in der Wäscherei, die Polizei und der Postbote aufhielten. Als er schließlich den Anweisungen eines Nachbarn folgte, fand er sie dabei, wie sie eine alte Dame umwickelte, denn sie war Krankenschwester. Ihr Gesicht war lila und sie stank nach Brandy. Er schickte sie, um die Leiche zu bewachen. Er wies sie an, es mit einem Laken abzudecken und sich dem Kommissar und dem Arzt zur Verfügung zu stellen, die wegen der Einzelheiten kommen würden. Sie antwortete etwas verärgert, dass sie, Gott sei Dank, wisse, was sie tun müsse. Sie wusste es tatsächlich. Madame Simonneau wurde in einem sozialen Kreis geboren, der den etablierten Autoritäten unterwürfig ist und die Toten respektiert. Doch als sie nach einer Befragung von Monsieur de Ligny erfuhr, dass er die Leiche in das Wohnzimmer geschleppt hatte, konnte sie ihm nicht verheimlichen, dass dieses Verhalten unklug war und ihn Unannehmlichkeiten aussetzen könnte.

„Das hättest du nicht tun sollen", sagte sie ihm. „Wenn sich jemand umgebracht hat, darf man ihn niemals berühren, bevor die Polizei kommt."

Daraufhin machte sich Ligny auf den Weg, um den Kommissar zu benachrichtigen. Nachdem die erste Aufregung verflogen war, verspürte er keine Überraschung mehr, zweifellos weil Ereignisse, die aus der Ferne betrachtet seltsam erscheinen würden, wenn sie sich vor uns abspielen, ganz natürlich erscheinen, was sie auch sind. Sie entfalten sich auf gewöhnliche Weise, fügen sich als eine Abfolge unbedeutender Tatsachen zusammen und verlieren sich schließlich in der alltäglichen Alltäglichkeit des Lebens. Seine Gedanken wurden vom gewaltsamen Tod eines unglücklichen Mitgeschöpfes abgelenkt, und zwar durch die Umstände dieses Todes, durch die Rolle, die er in der Angelegenheit gespielt hatte, und durch die Beschäftigung, die ihm dadurch auferlegt wurde. Auf dem Weg zum Kommissar fühlte er sich so ruhig und frei von geistiger Sorge, als wäre er auf dem Weg zum Außenministerium gewesen, um Depeschen zu entziffern.

Um neun Uhr abends betrat der Polizeikommissar mit seiner Sekretärin und einem Polizisten den Garten. Gleichzeitig traf der Stadtarzt Monsieur Hibry ein. Dank der Fleißigkeit von Madame Simonneau, die stets an Versorgungsfragen interessiert war, verströmte das Haus bereits einen heftigen Karbolgeruch und brannte im Licht der Kerzen, die sie angezündet hatte. Madame Simonneau eilte hin und her, angetrieben von dem dringenden Wunsch, für die Toten ein Kruzifix und einen Zweig geweihten Buchsbaums zu besorgen. Der Arzt untersuchte die Leiche im Licht einer Kerze.

Er war ein stämmiger Mann mit rötlicher Gesichtsfarbe. Er atmete laut. Er hatte gerade gegessen.

„Die Kugel, eine Kugel großen Kalibers", sagte er, „drang über das Gaumengewölbe ein, durchquerte das Gehirn und brach schließlich das linke Scheitelbein, wobei ein Teil der Gehirnsubstanz weggerissen und ein Teil des Schädels herausgeblasen wurde." . Der Tod war augenblicklich.

Er gab Madame Simonneau die Kerze zurück und fuhr fort:

„Splitter des Schädels wurden in eine gewisse Entfernung geschleudert. Man wird sie wahrscheinlich im Garten finden. Ich vermute, dass das Geschoss eine runde Spitze hatte. Ein kegelförmiges Geschoss hätte weniger Zerstörung angerichtet."

Allerdings der Kommissar. Monsieur Josse-Arbrissel, ein großer, dünner Mann mit einem langen grauen Schnurrbart, schien weder zu sehen noch zu hören. Vor dem Gartentor heulte ein Hund.

„Die Richtung der Wunde", sagte der Arzt, „sowie die noch angespannten Finger der rechten Hand sind mehr als hinreichende Beweise für einen Selbstmord."

Er zündete sich eine Zigarre an.

„Wir sind ausreichend informiert", bemerkte der Kommissar.

„Es tut mir leid, meine Herren, Sie gestört zu haben", sagte Robert de Ligny, „und ich danke Ihnen für die höfliche Art und Weise, in der Sie Ihre offiziellen Pflichten erfüllt haben."

Die Sekretärin und die Polizeibeamtin, Madame Simonneau, die den Weg zeigte, trugen die Leiche in den ersten Stock.

Monsieur Josse-Arbrissel kaute an seinen Nägeln und blickte ins Leere.

„Eine Tragödie der Eifersucht", bemerkte er, „nichts ist üblicher. Wir haben hier in Neuilly einen konstanten Durchschnitt selbstverschuldeter Todesfälle. Von hundert Selbstmorden werden dreißig durch Glücksspiel verursacht. Die anderen sind auf Enttäuschung in der Liebe zurückzuführen, Armut oder unheilbare Krankheit."

„Chevalier?" fragte Dr. Hibry, der ein Liebhaber des Theaters war: „Chevalier? Moment mal! Ich habe ihn gesehen; ich habe ihn bei einer Benefizvorstellung im Variétés gesehen. Natürlich! Er hat einen Monolog vorgetragen."

Der Hund heulte vor dem Gartentor.

„Sie können sich nicht vorstellen", fuhr der Kommissar fort, „die Katastrophen, die in dieser Gemeinde durch das *Pari Mutuel verursacht wurden* . Ich übertreibe nicht, wenn ich behaupte, dass mindestens dreißig Prozent der Selbstmorde, die ich untersuchen muss, durch Glücksspiel verursacht werden. Jeder." Hier wird gespielt. Spätestens letzte Woche wurde ein Concierge in der Avenue du Roule gefunden, der an einem Baum im Bois de Boulogne hing Sie müssen sich das Leben nehmen, sie verschwinden in einem anderen Viertel, aber ein Mann von Rang, ein Beamter, den das Glücksspiel ruiniert hat, der von lautstarken Gläubigern überwältigt wird und kurz davor steht, vor Gericht gezerrt zu werden der Gerechtigkeit kann nicht verschwinden.

"Ich habe es!" rief der Arzt aus. „Er rezitierte „ *Das Duell in der Prärie* ". Die Leute sind ziemlich müde von Monologen, aber das ist sehr lustig. Du erinnerst dich! ,Wirst du mit dem Schwert kämpfen?' 'Nein Sir.' „Die Pistole?" 'Nein Sir.' „Der Säbel, das Messer?" 'Nein Sir.' „Ah, ich verstehe, was Sie wollen. Was Sie wollen, ist ein Duell in der Prärie. Wir werden die Prärie durch ein fünfstöckiges Haus ersetzen .' Chevalier rezitierte „*Das Duell in der Prärie* " auf sehr humorvolle Weise. Es stimmt, dass ich kein undankbares Publikum bin.

Der Kommissar hörte nicht zu. Er folgte seinem eigenen Gedankengang.

„Es wird nie bekannt sein, wie viele Vermögen und Leben jedes Jahr durch das *Pari Mutuel verschlungen werden* . Das Glücksspiel lässt seine Opfer nie frei;

wenn es ihnen alles genommen hat, bleibt es immer noch ihre einzige Hoffnung. Was wird ihnen in der Tat sonst erlauben?" hoffen?"

Er hielt inne, lauschte angestrengt, um den fernen Schrei eines Zeitungsverkäufers zu hören, und stürzte auf die Allee hinaus, um dem flüchtigen, jaulenden Schatten nachzujagen, rief ihn und schnappte ihm eine Sportzeitung, die er im Licht eines Gases ausbreitete -Lampe, die ihre Seiten nach bestimmten Namen von Pferden durchsucht: *Fleur-des-pois* , *La Châtelaine* , *Lucrèce* . Mit verstörten Augen, zitternden Händen, sprachlos und niedergeschlagen ließ er das Laken fallen: Sein Pferd hatte nicht gesiegt.

Und Dr. Hibry, der ihn aus der Ferne beobachtete, überlegte, dass er eines Tages in seiner Eigenschaft als Totenarzt möglicherweise aufgefordert werden würde, den Selbstmord seines Polizeikommissars zu bescheinigen, und er beschloss, dies im Voraus zu tun soweit möglich zu dem Schluss kommen, dass sein Tod auf einen Unfall zurückzuführen ist.

Plötzlich ergriff er seinen Regenschirm.

„Ich muss weg", sagte er. „Ich habe heute Abend einen Platz für die Opéra-Comique bekommen. Es wäre schade, ihn zu verschwenden."

Bevor er das Haus verließ, fragte Ligny Madame Simonneau:

„Wo hast du ihn hingelegt?"

„Im Bett", antwortete Madame Simonneau. „Es war anständiger."

Er erhob keine Einwände, blickte zur Vorderseite des Hauses und sah an den Fenstern des Schlafzimmers durch die Musselinvorhänge das Licht der beiden Kerzen, die die Haushälterin auf den Nachttisch gestellt hatte.

„Vielleicht", sagte er, „könnte man eine Nonne dazu bringen, bei ihm zu wachen."

„Das ist nicht nötig", antwortete Madame Simonneau, die einige Nachbarn ihres Geschlechts eingeladen und ihr Wein und Fleisch bestellt hatte. „Das ist nicht nötig, ich werde selbst bei ihm aufpassen."

Ligny ging nicht auf den Punkt.

Der Hund heulte immer noch vor dem Tor.

Als er zu Fuß zur Barriere zurückkehrte, bemerkte er über Paris ein rötliches Leuchten, das den ganzen Himmel erfüllte. Über den Schornsteinen erhoben sich die Fabrikschornsteine grotesk und schwarz vor diesem feurigen Nebel und schienen mit lächerlicher Vertrautheit auf den geheimnisvollen Brand einer Welt herabzublicken. Die wenigen Passanten, die er auf dem Boulevard traf, schlenderten ruhig und ohne den Kopf zu heben. Obwohl er wusste, dass in Städten, die in Nacht gehüllt sind, die feuchte Atmosphäre oft die Lichter reflektiert und sich mit diesem gleichmäßigen Schein färbt, der ohne Flackern leuchtet, bildete er sich ein, das Spiegelbild eines riesigen Feuers zu sehen. Ohne nachzudenken akzeptierte er die Vorstellung, dass Paris in den Abgrund einer gewaltigen Feuersbrunst versinke; er fand es selbstverständlich, dass die private Katastrophe, in die er verwickelt war, in eine öffentliche Katastrophe überging und dass diese Nacht für eine ganze Bevölkerung, wie für ihn, gelten sollte! eine Nacht voller unheimlicher Ereignisse.

Da er extrem hungrig war, nahm er an der Schranke ein Taxi und ließ sich zu einem Restaurant in der Rue Royale fahren. In dem hellen, warmen Raum verspürte er ein Gefühl des Wohlbefindens. Nachdem er sein Essen bestellt hatte, schlug er eine Abendzeitung auf und sah im Parlamentsbericht, dass sein Minister eine Rede gehalten hatte. Als er es las, unterdrückte er ein leichtes Lachen; er erinnerte sich an bestimmte Geschichten, die am Quai d'Orsay erzählt wurden. Der Außenminister war verliebt in Madame de Neuilles, eine ältere Dame mit einer grellen Vergangenheit, die öffentliche Gerüchte in den Status einer Abenteurerin und Spionin erhoben hatten. Er pflegte, so wurde geflüstert, die Reden, die er im Plenarsaal halten sollte, an ihr anzuprobieren. Ligny, der früher bis zu einem gewissen Grad der Liebhaber von Madame de Neuilles gewesen war, stellte sich vor, wie der Staatsmann im Hemd seiner Geliebten die folgende Grundsatzerklärung vortrug: „Es liegt mir fern, die legitimen Empfindlichkeiten von zu missachten Die nationale Stimmung ist entschieden friedlich, aber die Regierung ist eifersüchtig auf die Ehre Frankreichs usw. Diese Vision versetzte ihn in eine fröhliche Stimmung. Er blätterte um und las: Morgen im Odéon, Uraufführung (in diesem Theater) von *La Nuit du 23 octobre 1812* mit den Herren Durville, Maury, Romilly, Destrée, Vicar, Léon Clim, Valroche, Aman, Chevalier. ...

<hr>

KAPITEL VIII

Um ein Uhr des folgenden Tages befand sich *La Grille* zum ersten Mal in der Probe im grünen Saal des Theaters. Ein düsteres Licht breitete sich wie ein Schleier über die grauen Steine des Daches, der Galerien und Säulen aus. In der bedrückenden Majestät dieser blassen Architektur, unter der Statue von Racine, lasen die Hauptdarsteller vor Pradel, dem Hausverwalter, ihre Rollen vor, die sie noch nicht kannten. Romilly, der Bühnenmanager, und Constantine Marc, der Autor des Stücks, saßen alle drei auf einem roten Samtsofa, während von einer zwischen zwei Säulen zurückgesetzten Bank der wachsame Hass und die geflüsterte Eifersucht der ausgeschlossenen Schauspielerinnen ausströmte der Besetzung.

Der Liebhaber Paul Delage hatte Mühe, eine Rede zu entziffern:

„Ich erkenne das Schloss mit seinen Backsteinmauern und seinem Schieferdach wieder; den Park, in dessen Rinde ich so oft ihre und meine Initialen eingeflochten habe; den Teich, dessen schlummerndes Wasser ...“

Fagette tadelte ihn:

„Hüte dich, Aimeri, damit das Schloss dich nicht wiedererkennt, damit der Park deinen Namen nicht vergisst, damit der Teich nicht murmelt: „Wer ist dieser Fremde?“““

Aber sie war erkältet und las aus einer Manuskriptkopie voller Fehler.

„Bleib da nicht stehen, Fagette, das ist das Gartenhaus“, sagte Romilly.

„Woher soll ich das wissen?“

"Da steht ein Stuhl."

„Damit der Teich nicht murmelt: „Wer ist dieser Fremde?“““

„Mademoiselle Nanteuil, es ist Ihr Stichwort – Wo ist Nanteuil geblieben? Nanteuil!“

Nanteuil trat vor, eingehüllt in ihre Pelze, ihre kleine Tasche und ihr Teil in der Hand, weiß wie ein Laken, mit eingefallenen Augen und kraftlosen Beinen. Als sie völlig wach war, hatte sie gesehen, wie der tote Mann ihr Schlafzimmer betrat.

Sie erkundigte sich:

„Von wo aus mache ich meinen Eingang?“

„Von rechts.“

"In Ordnung."

Und sie las:

„'Cousin, ich war so glücklich, als ich heute Morgen aufwachte, ich weiß nicht, warum das so war. Kannst du es mir vielleicht sagen?'"

Delage las seine Antwort:

„'Vielleicht lag es an einer besonderen Fügung der Vorsehung oder des Schicksals, Cécile. Der Gott, der dich liebt, lässt dich lächeln, in der Stunde des Weinens und des Zähneknirschens.'"

„Nanteuil, mein Liebling, du überquerst die Bühne", sagte Romilly. „Delage, treten Sie ein wenig beiseite, um sie passieren zu lassen."

Nanteuil ging hinüber.

„'Schreckliche Tage, sagst du, Aimeri? Unsere Tage sind das, was wir aus ihnen machen. Sie sind nur für Übeltäter schrecklich.'"

Romilly unterbrach:

„Delage, blenden Sie sich ein wenig aus; achten Sie darauf, sie nicht vor dem Publikum zu verbergen. Noch einmal, Nanteuil."

Nanteuil wiederholte:

„'Schreckliche Tage, sagst du, Aimeri? Unsere Tage sind das, was wir aus ihnen machen. Sie sind nur für Übeltäter schrecklich.'"

Constantin Marc erkannte sein Werk nicht mehr, er konnte nicht einmal mehr den Klang seiner geliebten Sätze hören, die er sich im Vivarais-Wald so oft wiederholt hatte. Verblüfft und benommen schwieg er.

Nanteuil stolperte behutsam über die Bühne und las ihre Rolle weiter:

„'Du wirst mich vielleicht für sehr dumm halten, Aimeri; in dem Kloster, in dem ich aufgewachsen bin, habe ich die Opfer oft um das Schicksal beneidet.'"

Delage nahm sein Stichwort auf, hatte aber eine Seite des Manuskripts übersehen:

„'Das Wetter ist herrlich. Schon schlendern die Gäste durch den Garten.'"

Es wurde notwendig, noch einmal von vorne anzufangen.

„'Schreckliche Tage, sagst du, Aimeri ...'"

Und so machten sie weiter, ohne sich die Mühe zu machen, es zu verstehen, aber darauf bedacht, ihre Bewegungen zu regulieren, als würden sie die Figuren eines Tanzes studieren.

„Im Interesse des Stücks müssen wir einige Kürzungen vornehmen", sagte Pradel zu dem bestürzten Autor.

Und Delage fuhr fort:

„Gib mir keine Vorwürfe, Cécile: Ich habe für dich eine Freundschaft empfunden, die seit meiner Kindheit zurückreicht, eine dieser brüderlichen Freundschaften, die der Liebe, die aus ihnen entspringt, den beunruhigenden Anschein von Inzest verleihen.'"

„Inzest", schrie Pradel. „Sie können das Wort ‚Inzest' nicht bestehen lassen, Monsieur Constantin Marc. Das Publikum hat Empfindlichkeiten, von denen Sie keine Ahnung haben. Außerdem muss die Reihenfolge der beiden folgenden Reden vertauscht werden. Die Optik der Bühne erfordert es."

Die Probe wurde unterbrochen. Romilly erblickte Durville, der in einer Pause anzügliche Geschichten erzählte.

„Durville, du kannst gehen. Der zweite Akt wird heute nicht geprobt."

Bevor er ging, ging der alte Schauspieler zu Nanteuil, um ihr die Hand zu drücken. Da er urteilte, dass dies der Moment war, ihr sein Mitgefühl zu versichern, schossen ihm die Tränen in die Augen, wie es jeder an seiner Stelle getan hätte, der ihr sein Beileid ausgesprochen hätte. Aber er hat es bewundernswert gemacht. Die Pupillen seiner Augen schwammen in ihren Bahnen wie der Mond inmitten von Wolken. Seine Lippenwinkel waren in zwei tiefen Falten nach unten gezogen, die sie bis zur Unterseite seines Kinns verlängerten. Er schien wirklich betroffen zu sein.

„Mein armer Liebling", seufzte er, „ich habe wirklich Mitleid mit dir! Jemanden zu sehen, für den man ein – Gefühl hatte – mit dem man in vertrauter Vertrautheit gelebt hat – ihn auf einen Schlag entführt zu sehen – eine Tragik." Schlag – ist hart, ist schrecklich!"

Und er streckte seine mitfühlenden Hände aus. Nanteuil, völlig entnervt, zerdrückte ihr kleines Taschentuch und ihren Teil in ihren Händen, drehte ihm den Rücken zu und zischte zwischen ihren Zähnen:

„Alter Idiot!"

Fagette legte ihren Arm um ihre Taille und führte sie sanft zur Seite zum Fuß von Racines Statue, wo sie ihr ins Ohr flüsterte:

„Hör mir zu, meine Liebe. Diese Angelegenheit muss vollständig vertuscht werden. Alle reden darüber. Wenn du die Leute reden lässt, werden sie dich lebenslang als Chevaliers Witwe brandmarken."

Dann fügte sie, da sie so etwas wie eine Rednerin war, hinzu:

„Ich kenne dich, ich bin deine beste Freundin. Ich kenne deinen Wert. Aber Vorsicht, Félicie: Frauen werden auf ihre eigene Weise bewertet."

Jeder einzelne von Fagettes Pfeilen wurde erzählt. Nanteuil hielt mit feurigen Wangen ihre Tränen zurück. Sie war zu jung, um die Besonnenheit zu besitzen oder auch nur zu wünschen, die berühmten Schauspielerinnen zu eigen ist, wenn sie in einem Alter sind, in dem sie als Frauen der Modewelt ihren Abschluss machen können. Sie war voller Selbstwertgefühl, und da sie wusste, was es bedeutet, einen anderen zu lieben, war sie es bestrebt, alles Unmoderne aus ihrer Vergangenheit auszulöschen; Sie hatte das Gefühl, dass Chevalier sich ihr gegenüber, indem er sich um ihretwillen tötete, öffentlich mit einer Vertrautheit verhalten hatte, die sie lächerlich machte. Immer noch nicht bewusst, dass alles in Vergessenheit gerät und in der schnellen Strömung unserer Tage verloren geht, dass alle unsere Handlungen wie das Wasser eines Flusses zwischen Ufern fließen, die keine Erinnerung haben, grübelte sie gereizt und niedergeschlagen zu Füßen von Jean Racine, die ihre Trauer verstand.

„Sehen Sie sie sich nur an", sagte Madame Marie-Claire zu dem jungen Delage. „Sie möchte weinen. Ich verstehe sie. Ein Mann hat sich für mich umgebracht. Das hat mich sehr erschüttert. Er war ein Graf."

„Nun, fangen Sie noch mal von vorne an!" schrie Pradel. „Kommen Sie jetzt, Mademoiselle Nanteuil, Ihr Stichwort!"

Daraufhin sagte Nanteuil:

„'Cousin, ich war so glücklich, als ich heute Morgen aufwachte …'"

Plötzlich erschien Madame Doulce. Schwerfällig und traurig ließ sie die folgenden Worte fallen:

„Ich habe eine sehr traurige Nachricht. Der Pfarrer wird ihm nicht erlauben, seine Kirche zu betreten."

Da Chevalier außer seiner Schwester, einer bei Pantin arbeitenden Frau, keine Verwandten mehr hatte, hatte sich Madame Doulce verpflichtet, die Beerdigung auf Kosten der Mitglieder des Unternehmens zu organisieren.

Sie versammelten sich um sie. Sie fuhr fort:

„Die Kirche lehnt ihn ab, als ob er verflucht wäre! Das ist schrecklich!"

"Warum?" fragte Romilly.

Madame Doulce antwortete sehr leise und wie widerstrebend:

„Weil er Selbstmord begangen hat."

„Wir müssen dafür sorgen", sagte Pradel.

Romilly zeigte den Wunsch, behilflich zu sein.

„Der Pfarrer kennt mich", sagte er. „Er ist ein sehr anständiger Kerl. Ich laufe einfach rüber nach Saint-Étienne-du-Mont und wäre sehr überrascht, wenn –"

Madame Doulce schüttelte traurig den Kopf:

„Alles ist nutzlos."

„Trotzdem müssen wir einen Gottesdienst abhalten", sagte Romilly mit der ganzen Autorität eines Bühnenmanagers.

„Ganz recht", sagte Madame Doulce.

Madame Marie-Claire war in tiefer Sorge und der Ansicht, man könne die Priester zwingen, eine Messe zu lesen.

„Bleiben wir ruhig", sagte Pradel und streichelte seinen ehrwürdigen Bart. „Unter Ludwig VIII. brachen die Leute die Tore von Saint-Roch auf, die für den Sarg von Mademoiselle Raucourt verschlossen waren. Wir leben in anderen Zeiten und unter anderen Umständen. Wir müssen zu sanfteren Methoden greifen."

Constantin Marc, der zu seinem großen Bedauern feststellte, dass sein Stück abgesagt wurde, hatte sich ebenfalls an Madame Doulce gewandt und sie gefragt:

„Warum sollten Sie wollen, dass Chevalier von der Kirche gesegnet wird? Ich persönlich bin Katholik. Für mich ist es kein Glaube, sondern ein System, und ich betrachte es als meine Pflicht, an allen äußeren Gottesdiensten teilzunehmen. Ich stehe auf der Seite aller Autoritäten. Ich bin für den Richter, den Soldaten, den Priester. Man kann mich daher nicht verdächtigen, zivile Bestattungen zu befürworten. Aber ich verstehe kaum, warum Sie darauf bestehen, dem Pfarrer von Saint-Étienne-du-Mont eine Leiche anzubieten, die er ablehnt. Warum wollen Sie nun, dass dieser unglückliche Chevalier in die Kirche geht?"

„Warum?", antwortete Madame Doulce. „Zur Rettung seiner Seele und weil es schicklicher ist."

„Schicklich wäre es", antwortete Constantin Marc, „die Gesetze der Kirche zu befolgen, die Selbstmörder exkommuniziert."

„Monsieur Constantin Marc, haben Sie *Les Soirées de Neuilly gelesen* ?" fragte Pradel, der ein leidenschaftlicher Sammler alter Bücher und ein großartiger Leser war. „Was, Sie haben „ *Les Soirées de Neuilly* " von Monsieur de Fongeray nicht gelesen? ist, ich weiß nicht, warum, eine Karikatur von Fongeray, das Pseudonym zweier Liberaler der Restauration, Dittmer und Cavé. Das Werk besteht aus Komödien und Dramen, die nicht gespielt werden können, aber einige äußerst interessante Szenen enthalten Sie werden darin lesen, wie der Pfarrer einer der Pariser Kirchen, der Abbé Mouchaud, unter Karl X. das Begräbnis einer frommen Dame verweigerte und es um jeden Preis einem Atheisten gewährte . Madame d'Hautefeuille war religiös, besaß aber bei ihrem Tod die Dienste eines Jansenistenpriesters. Aus diesem Grund weigerte sich Abbé Mouchaud, sie in die Kirche aufzunehmen, in der sie tätig war Zur gleichen Zeit starb Monsieur Dubourg, ein großer Bankier, in derselben Gemeinde. In seinem Testament legte er fest, dass er direkt zum Friedhof getragen werden sollte. „Er ist ein Katholik", reflektierte Abbé Mouchaud, „er gehört zu uns." Er packte schnell ein Paket aus seiner Stola und seinem Chorhemd zusammen, eilte zum Haus des Verstorbenen, verabreichte ihm die letzte Salbung und brachte ihn in seine Kirche.

„Nun", antwortete Constantin Marc, „dieser Vikar war ein ausgezeichneter Politiker. Atheisten sind keine furchtbaren Feinde der Kirche. Sie gelten nicht als Gegner. Sie können keine Kirche gegen sie aufbringen und denken nicht im Traum daran, dies zu tun. Atheisten hat es zu allen Zeiten unter den Oberhäuptern und Fürsten der Kirche gegeben, und viele von ihnen haben dem Papsttum herausragende Dienste geleistet. Andererseits ist jeder, der sich nicht streng der kirchlichen Disziplin unterwirft und in einem einzigen Punkt mit der Tradition bricht, wer einen Glauben gegen den Glauben, eine Meinung, eine Praxis gegen die akzeptierte Meinung und die allgemeine Praxis stellt, ein Faktor der Unordnung, eine Bedrohung und muss ausgerottet werden. Das hat der Vikar Mouchaud verstanden. Er hätte zum Kardinal ernannt werden sollen."

Madame Doulce, die klug genug gewesen war, nicht alles auf einmal zu erzählen, sagte weiter:

„Ich habe mich durch den Widerstand von Monsieur le Curé nicht verunsichern lassen. Ich habe gebettelt, ich habe gefleht. Und seine Antwort war: ,Wir schulden dem Ordinarius respektvollen Gehorsam. Gehen Sie zum

Erzbischofspalast. Ich werde tun, was Monseigneur mir befiehlt.'.' Mir bleibt nichts anderes übrig, als diesem Rat zu folgen. Ich eile zum Erzbischofspalast.

„Machen wir uns an die Arbeit", sagte Pradel.

Romilly rief Nanteuil zu:

„Nanteuil! Komm, Nanteuil, beginne deine ganze Szene von vorne."

Und Nanteuil sagte noch einmal:

„'Cousin, ich war so glücklich, als ich heute Morgen aufwachte …'"

KAPITEL IX

Die Hervorhebung des Selbstmords am Boulevard de Villiers durch die Presse machte die Verhandlungen zwischen der Bühne und der Kirche noch schwieriger. Die Reporter hatten alle Einzelheiten des Ereignisses dargelegt, und Abbé Mirabelle, der zweite Pfarrer des Erzbischofs, wies darauf hin, dass das Öffnen der Türen der Pfarrkirche für Chevalier nach dem damaligen Stand der Dinge einer Verkündigung gleichkäme, dass exkommunizierte Personen seien Anspruch auf die Gebete der Kirche haben.

Aber Monsieur Mirabelle selbst, der in dieser Angelegenheit große Weisheit und Umsicht an den Tag legte, ebnete den Weg zu einer Lösung.

„Sie müssen vollkommen verstehen", bemerkte er gegenüber Madame Doulce, „dass die Meinung der Zeitungen keinen Einfluss auf unsere Entscheidung haben kann. Es ist uns völlig gleichgültig und wir stören uns nicht im geringsten, egal, was fünfzig öffentliche Blätter auch mögen." Ob die Journalisten die Wahrheit gesagt oder verdreht haben, weiß ich nicht und möchte nicht wissen, was sie geschrieben haben Ich kann es nicht bestreiten. Es wäre jetzt ratsam, die Umstände, unter denen die Tat begangen wurde, genau zu untersuchen. Seien Sie nicht überrascht, wenn ich die Wissenschaft um Hilfe bitte. Nun kann uns die medizinische Wissenschaft in diesem Fall eine große Hilfe sein. Sie werden gleich verstehen, dass Mutter Kirche den Selbstmord nur dann ausschließt, wenn seine Tat ein Akt der Verzweiflung ist die alle Hoffnung verloren haben und denen die Kirche ihre Gebete nicht verweigert; Sie betet für alle, die Unglück haben. Wenn nun nachgewiesen werden könnte, dass dieser arme Junge unter dem Einfluss von hohem Fieber oder einer Geistesstörung gehandelt hatte, wenn ein Arzt in der Lage wäre zu bestätigen, dass der arme Kerl zum Zeitpunkt seiner Ermordung nicht im Besitz seiner Fähigkeiten war selbst mit seiner eigenen Hand, stünde der Feier eines Gottesdienstes nichts im Wege.

Nachdem Madame Doulce den Worten von Monsieur l'Abbé Mirabelle zugehört hatte, eilte sie zurück ins Theater. Die Probe von *La Grille* war beendet. Sie fand Pradel in seinem Büro mit ein paar jungen Schauspielerinnen, von denen die eine um eine Verlobung, die andere um eine Beurlaubung bat. Er lehnte es im Einklang mit seinem Grundsatz ab, einem Antrag erst dann stattzugeben, wenn er ihn zunächst abgelehnt hatte. Auf diese Weise verlieh er seinen unbedeutendsten Zugeständnissen einen Wert. Seine glitzernden Augen und sein patriarchalischer Bart, sein zugleich verliebtes und väterliches Auftreten gaben ihm eine Ähnlichkeit mit Lot, wie wir ihn auf den Drucken der Alten Meister zwischen seinen beiden Töchtern sehen. Auf dem Tisch stand eine Amphore aus vergoldeter Pappe, die diese Illusion verstärkte.

„Das geht nicht", sagte er jedem von ihnen. „Das geht wirklich nicht, mein Kind – Na ja, schauen Sie doch morgen vorbei."

Nachdem er sie entlassen hatte, erkundigte er sich, während er einige Briefe unterzeichnete:

„Nun, Madame Doulce, welche Neuigkeiten bringen Sie?"

Constantin Marc, der mit Nanteuil erschien, rief hastig aus:

„Was ist mit meiner Kulisse, Monsieur Pradel?"

Daraufhin beschrieb er zum zwanzigsten Mal die Landschaft, vor der sich der Vorhang heben sollte.

„Im Vordergrund ein alter Park. Die Stämme der großen Bäume auf der Nordseite sind grün von Moos. Die Feuchtigkeit des Bodens muss man spüren."

Und der Manager antwortete:

„Sie können sicher sein, dass alles getan wird, was getan werden kann, und dass es am angemessensten ist. Nun, Madame Doulce, was gibt es Neues?"

„Es gibt einen Hoffnungsschimmer", antwortete sie.

„Im Hintergrund, in leichtem Nebel", sagte der Autor, „die grauen Steine und die Schieferdächer der Abbaye-aux-Dames."

„Ganz recht. Bitte nehmen Sie Platz, Madame Doulce; Sie haben meine Aufmerksamkeit."

„Ich wurde im Erzbischofspalast äußerst höflich empfangen", sagte Madame Doulce.

„Monsieur Pradel, es ist unbedingt erforderlich, dass die Mauern der Abbaye unergründlich, von großer Dicke und doch subtil durch die Nebel der kommenden Nacht erscheinen. Ein blassgoldener Himmel –"

„Monsieur l'Abbé Mirabelle", fuhr Madame Doulce fort, „ist ein Priester von höchstem Rang –"

„Monsieur Marc, gefällt Ihnen Ihr hellgoldener Himmel besonders gut?" fragte der Bühnenmanager. „Machen Sie weiter, Madame Doulce, machen Sie weiter, ich höre Ihnen zu."

„Und äußerst höflich. Er machte eine zarte Anspielung auf die Indiskretionen der Zeitungen –"

In diesem Moment stürmte Monsieur Marchegeay, der Bühnenmanager, in den Raum. Seine grünen Augen glitzerten und sein roter Schnurrbart tanzte wie eine Flamme. Die Worte rollten ihm von der Zunge:

„Sie sind wieder dabei! Lydie, die kleine Oberin, schreit wie ein Hermelin auf der Treppe. Sie sagt, Delage habe versucht, sie zu verletzen. Es ist mindestens das zehnte Mal in einem Monat, dass sie diese Geschichte herausbringt. Das ist eine höllische Plage!"

„Ein solches Verhalten kann in einem Haus wie diesem nicht toleriert werden", sagte Pradel. „Sie müssen Delage eine Geldstrafe auferlegen. Bitte machen Sie weiter, Madame Doulce."

„Monsieur l'Abbé Mirabelle hat mir auf die klarste Art und Weise erklärt, dass Selbstmord ein Akt der Verzweiflung ist."

Aber Constantin Marc erkundigte sich interessiert bei Pradel, ob Lydie, die kleine Superfrau, hübsch sei.

La Nuit du 23 octobre gesehen ; sie spielt die Frau des Volkes, die in der Plaine de Grenelle Oblaten von Madame Ravaud kauft."

„Ein sehr hübsches Mädchen, wie ich finde", sagte Constantin Marc.

„Zweifellos", antwortete Pradel. „Aber sie wäre noch hübscher, wenn ihre Knöchel nicht wie Pfähle wären."

Und Constantin Marc antwortete nachdenklich.

„Und Delage hat sie empört. Dieser Kerl besitzt den Sinn für Liebe. Liebe ist ein einfacher und primitiver Akt. Es ist ein Kampf, es ist Hass. Gewalt ist dazu notwendig. Liebe im gegenseitigen Einvernehmen ist lediglich eine langweilige Verpflichtung."

Und er weinte sehr aufgeregt.

„Delage ist erstaunlich!"

„Lassen Sie sich nicht in Schwierigkeiten bringen", sagte Pradel.

„Dieselbe kleine Lydie lockt meine Schauspieler in ihre Garderobe, und dann schreit sie plötzlich, dass sie empört sei, um Schweigegeld aus ihnen herauszuholen. Es ist ihr Liebhaber, der ihr den Trick beigebracht hat, und nimmt die Münze. Sie sagten, Madame Doulce —"

„Nach einem langen und interessanten Gespräch", fuhr Madame Doulce fort, „schlug Monsieur l'Abbé Mirabelle eine günstige Lösung vor. Er gab mir zu verstehen, dass es zur Beseitigung aller Schwierigkeiten ausreichen würde, wenn ein Arzt bescheinigte, dass es sich um Chevalier handelte."

nicht im vollen Besitz seiner Fähigkeiten war und dass er für seine Taten nicht verantwortlich war."

„Aber", bemerkte Pradel, „Chevalier war nicht verrückt. Er war im vollen Besitz seiner Fähigkeiten."

„Es steht uns nicht zu, das zu sagen", antwortete Madame Doulce. „Was wissen wir darüber?"

„Nein", sagte Nanteuil, „er war nicht im vollen Besitz seiner Fähigkeiten."

Pradel zuckte mit den Schultern.

„Schließlich ist es möglich. Wahnsinn und Vernunft, es ist eine Frage der Wertschätzung. Bei wem könnten wir ein Zertifikat beantragen?"

Madame Doulce und Pradel erinnerten sich nacheinander an drei Ärzte; aber sie konnten die Adresse des ersten nicht finden; der zweite war schlecht gelaunt und man entschied, dass der dritte tot sei.

Nanteuil schlug vor, sich an Dr. Trublet zu wenden.

"Das ist eine Idee!" rief Pradel aus. „Lassen Sie uns eine Bescheinigung von Dr. Sokrates anfordern. Was ist heute? Freitag. Es ist sein Tag für Konsultationen. Wir werden ihn zu Hause finden."

Dr. Trublet wohnte in einem alten Haus oben in der Rue de Seine. Pradel nahm Nanteuil mit, in der Vorstellung, dass Sokrates einer hübschen Frau nichts verweigern würde. Constantin Marc, der in Paris nur in der Gesellschaft von Theaterleuten leben konnte, begleitete sie. Die Chevalier-Affäre begann ihn zu amüsieren. Er fand es theatralisch, das heißt für Theaterkünstler geeignet. Obwohl die Stunde der Konsultationen vorbei war, war das Wohnzimmer des Arztes immer noch voller Menschen auf der Suche nach Heilung. Trublet entließ sie und empfing seine Theaterfreunde in seinem Privatzimmer. Er stand vor einem Tisch voller Bücher und Papiere. Ein verstellbarer Sessel, gebrechlich und zynisch, stand am Fenster. Der Direktor des Odéon erläuterte den Zweck seines Anrufs und sagte abschließend:

„Chevaliers Trauerfeier kann nicht in der Kirche gefeiert werden, es sei denn, Sie bescheinigen, dass der unglückliche junge Mann nicht ganz bei Verstand war."

Dr. Trublet erklärte, dass Chevalier durchaus auf einen Gottesdienst verzichten könne.

„Adrienne Lecouvreur, die wichtiger war als Chevalier, verzichtete darauf. Mademoiselle Monime ließ nach ihrem Tod keine Messe für sie lesen, und wie Sie wissen, wurde ihr die Ehre verweigert, auf einem schrecklichen Friedhof in der Gesellschaft zu verrotten." von allen Bettlern des Viertels.' Es ging ihr dadurch nicht schlechter.

„Sie sind sich der Tatsache nicht unwissend, Dr. Sokrates", antwortete Pradel, „dass Schauspieler und Schauspielerinnen die religiössten Menschen sind. Meine Gesellschaft wäre zutiefst betrübt, wenn sie bei der Feier einer Messe für ihren Kollegen nicht anwesend sein könnte." . Sie haben bereits die Zusammenarbeit mehrerer Textkünstler gesichert, und die Musik wird sehr gut sein.

„Das ist ein Grund", sagte Trublet, „ich widerspreche ihm nicht." Charles Monselet, ein geistreicher Kerl, dachte nur wenige Stunden vor seinem Tod über seine musikalische Messe nach: „Ich kenne sehr viele Sänger an der Messe." Opéra", sagte er, „ich werde einen *Pie Jésu aux truffes haben* ." Da der Erzbischof bei dieser Gelegenheit jedoch kein geistliches Konzert genehmigt, wäre es zweckmäßiger, es auf einen anderen Anlass zu verschieben.

„Was mich betrifft", antwortete der Regisseur, „habe ich keinen religiösen Glauben. Aber ich bin der Meinung, dass die Kirche und die Bühne zwei große soziale Mächte sind und dass es von Vorteil ist, dass sie Freunde und Verbündete sind. Für mich." Ich persönlich werde mir in der kommenden Fastenzeit keine Gelegenheit entgehen lassen, eine von Bourdaloues Predigten zu lesen. Außerdem muss ich, was auch immer die Leute sagen, den Katholizismus beachten akzeptable Form religiöser Gleichgültigkeit.

„Na dann", wandte Constantin Marc ein, „wenn Sie der Kirche Ihre Ehrerbietung erweisen wollen, warum zwingen Sie ihr dann mit Gewalt oder durch eine List einen Sarg auf, den sie nicht haben will?"

Der Arzt sprach in einem ähnlichen Tonfall und endete mit den Worten:

„Mein lieber Pradel, hast du nichts mehr mit der Sache zu tun?"

„Woraufhin rief Nanteuil mit funkelnden Augen und zischender Stimme:

„Er muss in die Kirche gehen, Doktor. Unterschreiben Sie, was von Ihnen verlangt wird. Schreiben Sie, dass er nicht im Besitz seiner Geisteskräfte war, ich bitte Sie."

Hinter diesem Wunsch stand nicht nur die Religion. Damit vermischte sich ein intimes Gefühl, ein dunkler Hintergrund alter Überzeugungen, von denen sie selbst nichts wusste. Sie hoffte, dass Chevalier besänftigt würde, wenn er in die Kirche getragen und mit Weihwasser besprengt würde, einer der friedlichen Toten würde und sie nicht länger quälen würde. Andererseits befürchtete sie, dass er, wenn ihm der Segen und die Gebete entzogen würden, ständig verflucht und bösartig um sie herumschweben würde. Und noch einfacher: In ihrer Angst, ihn wiederzusehen, war sie darauf bedacht, dass die Priester sorgfältig darauf achteten, ihn zu begraben, und dass alle bei der Beerdigung dabei sein sollten, damit er umso gründlicher begraben würde; kurz gesagt, so gründlich begraben, wie es nur möglich war. Ihre Lippen zitterten und sie rang die Hände.

Trublet, der sich seit langem mit der menschlichen Natur befasst hatte, beobachtete sie interessiert. Er verstand und interessierte sich besonders für das Weibliche der menschlichen Maschine. Dieses besondere Exemplar erfüllte ihn mit Freude. Sein stumpfnasiges Gesicht strahlte vor Freude, als er sie beobachtete.

„Sei nicht unruhig, Kind. Es gibt immer einen Weg, sich mit der Kirche zu verständigen. Was du mich fragst, liegt nicht in meiner Macht; ich bin ein Laienarzt. Aber wir haben heute, Gott sei Dank, Religiöse Ärzte, die ihre Patienten in die kirchlichen Gewässer schicken und deren besondere Aufgabe darin besteht, Wunderheilungen zu bezeugen. Ich werde Ihnen seine Adresse geben ihm nichts. Er wird die Sache für dich regeln.

„Überhaupt nicht“, sagte Pradel. „Du warst immer der arme Chevalier. Es ist deine Aufgabe, eine Bescheinigung auszustellen.“

Romilly stimmte zu:

„Natürlich, Herr Doktor. Sie sind der Arzt im Theater. Wir müssen unsere schmutzige Wäsche zu Hause waschen.“

Gleichzeitig richtete Nanteuil einen bittenden Blick auf Sokrates.

„Aber“, wandte Trublet ein, „was soll ich sagen?“

„Es ist ganz einfach“, antwortete Pradel. „Sagen Sie, dass er bis zu einem gewissen Grad unverantwortlich war.“

„Sie verlangen einfach von mir, dass ich wie ein Polizeiarzt spreche. Das ist zu viel von mir.“

„Sie glauben also, Doktor, dass Chevalier voll und ganz moralisch verantwortlich war?“

„Ganz im Gegenteil. Ich bin der Meinung, dass er für seine Taten nicht die geringste Verantwortung trägt.“

"Na dann?"

„Aber ich bin auch der Meinung, dass er sich in dieser Hinsicht in keiner Weise von Ihnen, mir und allen anderen Männern unterschied. Meine Richterkollegen unterscheiden zwischen individuellen Verantwortlichkeiten. Sie verfügen über Verfahren, mit denen sie volle Verantwortlichkeiten anerkennen, und solchen, denen eine oder mehrere fehlen Es ist außerdem eine bemerkenswerte Tatsache, dass sie, um einen armen Kerl zu verurteilen, ihn immer für die volle Verantwortung halten – wie der Mond.

Und Dr. Sokrates entfaltete vor dem erstaunten Bühnenpublikum eine umfassende Theorie des universellen Determinismus. Er ging zurück zu den Ursprüngen des Lebens, und wie der Silenus von Vergil, der, mit Maulbeersaft bestrichen, den Hirten Siziliens und der Najade Aglaia vom Ursprung der Welt sang, brach er in eine Flut aus Wörter:

„Einen armen Kerl für seine Taten zur Rechenschaft zu ziehen! Selbst als das Sonnensystem noch nicht mehr als ein blasser Nebel war, der im Äther einen zerbrechlichen Halo bildete, dessen Umfang tausendmal größer war als die Umlaufbahn des Neptun, waren wir alle seit Jahrhunderten vollständig bedingt, bestimmt und unwiderruflich bestimmt, und deine Verantwortung, mein liebes Kind, meine Verantwortung, die von Chevalier und die aller Menschen war nicht gemildert, sondern im Voraus abgeschafft worden. Alle unsere Bewegungen, das Ergebnis früherer Bewegungen der Materie, unterliegen den Gesetzen, die die kosmischen Kräfte regieren, und der menschliche Mechanismus ist lediglich ein besonderer Fall des universellen Mechanismus.“

Er deutete auf einen verschlossenen Schrank und fuhr fort.

„Ich habe dort in Flaschen etwas, das den Willen von fünfzigtausend Menschen verwandeln, zerstören oder in den Wahnsinn treiben würde.“

„Würde das Spiel nicht mitspielen“, wandte Pradel ein.

„Ich stimme zu, es wäre kein Spiel. Aber diese Substanzen sind im Wesentlichen keine Laborprodukte. Das Labor verbindet, es erschafft nichts. Diese Substanzen sind in der Natur verstreut. In ihrem freien Zustand umgeben sie uns und dringen in uns ein.“ Sie bestimmen unseren Willen, sie begrenzen unsere Entscheidungsfreiheit, die lediglich die Illusion ist, die in uns durch die Unkenntnis unserer Entscheidungen erzeugt wird.“

„Was zum Teufel meinst du?“ fragte Pradel verblüfft.

„Ich meine, unser Wille ist eine Illusion, die durch unsere Unkenntnis der Ursachen verursacht wird, die uns zwingen, unseren Willen auszuüben. Das, was in uns will, sind nicht wir selbst, sondern Myriaden von Zellen mit erstaunlicher Aktivität, von denen wir nichts wissen, die sich nicht bewusst sind von uns, die einander nicht kennen, die uns aber dennoch ausmachen.

Durch ihre Unruhe erzeugen sie unzählige Strömungen, die wir unsere Leidenschaften, unsere Gedanken, unsere Freuden, unsere Leiden, unsere Wünsche, unsere Ängste und unseren Willen nennen. Wir glauben, dass wir unsere eigenen Herren sind, während ein bloßer Tropfen Alkohol die Elemente, durch die wir fühlen und wollen, anregt und dann betäubt.“

Constantin Marc unterbrach den Arzt:

„Entschuldigung! Da Sie von der Wirkung von Alkohol sprechen, würde ich mich über Ihren Rat zu diesem Thema freuen. Ich habe die Angewohnheit, nach jeder Mahlzeit ein kleines Glas Armagnac-Brandy zu trinken. Das ist doch nicht zu viel, oder?“

„Das ist viel zu viel. Alkohol ist ein Gift. Wenn Sie eine Flasche Brandy zu Hause haben, werfen Sie sie aus dem Fenster.“

Pradel überlegte. Er war der Ansicht, dass Dr. Sokrates ihm einen persönlichen Schaden zufügte, indem er Willen und Verantwortung in allen menschlichen Dingen unterdrückte.

„Sie können sagen, was Sie wollen. Wille und Verantwortung sind keine Illusionen. Sie sind greifbare und kraftvolle Realitäten. Ich weiß, wie die Bedingungen meines Vertrags mich binden, und ich zwinge anderen meinen Willen auf.“

Und er fügte mit einiger Bitterkeit hinzu:

„Ich glaube an den Willen, an moralische Verantwortung, an die Unterscheidung zwischen Gut und Böse. Zweifellos sind das Ihrer Meinung nach dumme Ideen.“

„Das sind zwar dumme Ideen“, antwortete der Arzt, „aber sie passen sehr gut zu uns, da wir nur Tiere sind. Das vergessen wir für immer. Es sind dumme, ehrwürdige, heilsame Ideen. Die Menschen haben das auch ohne diese gespürt.“ Ideen, sie würden alle nur die Wahl zwischen Dummheit und Wahnsinn haben. Das ist die Grundlage moralischer Ideen.

„Was für ein Paradoxon!“ rief Romilly aus.

Der Arzt fuhr ruhig fort:

„Die Unterscheidung zwischen Gut und Böse in menschlichen Gesellschaften ist nie aus dem gröbsten Empirismus hervorgegangen. Sie wurde in einem völlig praktischen Geist und aus einfacher Zweckmäßigkeit aufgestellt. Wir kümmern uns nicht darum, wenn es um geschliffenes Glas oder einen Baum geht. Wir Wir praktizieren moralische Gleichgültigkeit gegenüber Tieren. Dies ermöglicht es uns, sie ohne Reue auszurotten. Wir stellen auch nicht fest, dass Gläubige ein hohes Maß an Moral von ihnen verlangen Gott. Im gegenwärtigen Zustand der Gesellschaft würden sie nicht bereitwillig zugeben, dass er lüstern war oder sich gegenüber Frauen kompromittiert hat. Moral ist eine gegenseitige Vereinbarung, um das zu behalten, was wir besitzen: Land , Häuser, Möbel, Frauen und unser Leben bedeuten für diejenigen, die sich ihm beugen, keine besondere Intelligenz oder einen bestimmten Charakter. Das geschriebene Gesetz folgt ihm mehr oder weniger harmonische Übereinstimmung damit. Daher sehen wir, dass großherzige Männer oder Männer von brillantem Genie fast alle der Gottlosigkeit beschuldigt wurden und wie Sokrates, der Sohn des Phenaretes, und Benoît Malon von den Gerichten ihres Landes geschlagen wurden. Und man kann sagen, dass ein Mann, der nicht zumindest zu einer Gefängnisstrafe verurteilt wurde, dem Land seiner Väter wenig Ehre macht."

„Es gibt Ausnahmen", bemerkte Pradel.

„Nur wenige", antwortete Dr. Trublet.

Aber Nanteuil verfolgte ihre Idee und bemerkte.

„Mein kleiner Sokrates, du kannst sehr wohl bezeugen, dass er verrückt war. Das ist die Wahrheit. Er war nicht vernünftig, ich weiß es nur zu gut."

„Kein Zweifel, er war verrückt, mein liebes Kind. Aber es geht darum festzustellen, ob er verrückter war als andere Männer. Die gesamte Geschichte der Menschheit, voller Folterungen, Ekstasen und Massaker, ist die Geschichte tobender, wahnsinniger Kreaturen." "

„Herr Doktor", fragte Constantin Marc, „gehören Sie zufällig zu denen, die den Krieg nicht bewundern? Er ist dennoch eine großartige Sache, wenn man darüber nachdenkt. Die Tiere fressen sich nur gegenseitig. Die Menschen haben die Idee gehabt." Sie haben gelernt, sich gegenseitig in glitzernden Kürassen, mit Helmen mit Federn oder mit scharlachroten Mähnen zu töten. Sie haben Chemie und Mathematik als notwendige Mittel zur Zerstörung eingeführt. Und da die Ausrottung der Menschen für uns das einzige Ziel des Lebens ist, liegt die Weisheit des Menschen darin, dass er diese Ausrottung zu einer Freude und einer Herrlichkeit gemacht hat. Das können Sie schließlich nicht leugnen, dass Mord ein Naturgesetz und folglich göttlich ist.

Worauf Dr. Sokrates antwortete:

„Wir sind nur elende Tiere, und doch sind wir unsere eigene Vorsehung und unsere eigenen Götter. Die niederen Tiere, deren unvordenkliche Herrschaft auf diesem Planeten unserer eigenen vorausging, haben ihn durch ihr Genie und ihren Mut verändert. Die Insekten haben Straßen angelegt und ausgegraben." Der Boden wurde ausgehöhlt, die Baumstämme und Felsen ausgehöhlt, Wohnungen gebaut, Städte gegründet, der Boden, die Luft und die Gewässer verwandelt. Die Arbeit der einfachsten von ihnen, die der Madrepores, hat Inseln und Kontinente geschaffen führt zu einer moralischen Veränderung, da die Moral von der Umwelt abhängt. Die Transformation, der der Mensch seinerseits die Erde unterworfen hat, ist zweifellos tiefgreifender und harmonischer als die Transformation anderer Tiere. Warum sollte es der Menschheit nicht gelingen, die Natur in diesem Ausmaß zu verändern? Warum sollte es der Menschheit, so jämmerlich sie auch ist und auch sein mag, nicht gelingen, den Kampf ums Leben zu unterdrücken oder zumindest zu kontrollieren? Von der Chemie darf man viel erwarten. Dennoch garantiere ich nichts. Es ist möglich, dass unsere Rasse bis zu ihrem beklagenswerten Ende inmitten von Eis und Dunkelheit in Melancholie, Delirium, Manie, Demenz und Benommenheit verharrt. Diese Welt ist vielleicht unheilbar böse. Auf jeden Fall wird es mir viel Spaß machen. Es bietet denjenigen, die dabei sind, ein interessantes Spektakel, und ich glaube langsam, dass Chevalier verrückter als die anderen war, weil er freiwillig seinen Platz verlassen hat.

Nanteuil nahm einen Stift vom Schreibtisch und hielt ihn, in Tinte getaucht, dem Arzt hin.

Er begann zu schreiben:

„Ich wurde mehrmals zur Teilnahme eingeladen –"

Er unterbrach sich, um nach Chevaliers Vornamen zu fragen.

„Aimé", antwortete Nanteuil.

„Aimé Chevalier, ich habe in seinem System bestimmte Störungen der Sensibilität, des Sehvermögens und der motorischen Kontrolle festgestellt, gewöhnliche Anzeichen von –"

Er holte ein Buch aus einem Regal seiner Bibliothek.

„Es besteht eine tausendfache Chance, dass ich in den Vorlesungen von Professor Ball über Geisteskrankheiten etwas finde, das meine Diagnose bestätigt."

Er drehte die Seiten des Buches um.

„Sieh nur, meine liebe Romilly, das ist es, was ich zunächst finde: Im achtzehnten Vortrag, Seite 389: ‚Unter den Schauspielern trifft man auf viele Verrückte.' Diese Bemerkung von Professor Ball erinnert mich daran, dass der berühmte Cabanis eines Tages Dr. Esprit Blanche fragte, ob die Bühne nicht eine Ursache für Wahnsinn sei.

"Wirklich?" fragte Romilly unbehaglich.

„Kein Zweifel", antwortete Trublet. „Aber hören Sie sich an, was Professor Ball auf derselben Seite sagt: ‚Es ist eine unbestreitbare Tatsache, dass Mediziner übermäßig anfällig für geistige Aberration sind.' Nichts ist wahrer. Unter den Medizinern sind die Außerirdischen besonders prädestiniert. Es ist oft schwierig zu bestimmen, wer von beiden der Verrücktere oder sein Arzt ist. Man sagt auch, dass geniale Männer dazu neigen Wahnsinn. Das ist sicherlich der Fall. Dennoch ist ein Mann kein denkendes Wesen, nur weil er ein Idiot ist.

Nachdem er die Seiten von Professor Balls Vorlesungen etwas weiter durchgeblättert hatte, nahm er sein Schreiben wieder auf:

„Übliche Anzeichen einer manischen Erregung, und wenn man berücksichtigt, dass das Subjekt ein neuropathisches Temperament hatte, gibt es Grund zu der Annahme, dass seine Konstitution ihn zum Wahnsinn prädisponierte, was nach Ansicht der höchsten Autoritäten lediglich eine Übertreibung ist." das gewohnheitsmäßige Temperament des Einzelnen, und daher ist es nicht möglich, ihm die volle moralische Verantwortung zuzutrauen.

Er unterschrieb das Blatt und reichte es Pradel mit den Worten:

„Hier ist etwas, das harmlos und zu bedeutungslos ist, um die geringste Unwahrheit zu enthalten."

Pradel stand auf und sagte:

„Glauben Sie mir, meine lieben Ärzte, wir hätten Sie nicht um eine Lüge bitten sollen."

„Warum nicht? Ich bin ein Mediziner. Ich führe einen Lügenladen. Ich entlaste, ich tröste. Wie ist es möglich, zu lindern und zu trösten, ohne zu lügen?"

Dann mit einem mitfühlenden Blick auf Nanteuil; er fügte hinzu:

„Nur Frauen und Ärzte wissen, wie notwendig Unwahrheit ist und wie nützlich sie für den Menschen ist."

Und als Pradel, Constantin Mate und Romilly sich verabschiedeten, sagte er:

„Bitte gehen Sie ins Esszimmer hinaus. Ich habe gerade ein kleines Fass alten Armagnac erhalten. Sagen Sie mir, was Sie davon halten!"

Nanteuil war im Sprechzimmer des Arztes zurückgeblieben.

„Mein kleiner Sokrates, ich habe eine schreckliche Nacht verbracht. Ich habe ihn gesehen."

„Im Schlaf?"

„Nein, wenn ich hellwach bin."

„Bist du sicher, dass du nicht geschlafen hast?"

"Ziemlich sicher."

Er war kurz davor, sie zu fragen, ob die Erscheinung zu ihr gesprochen habe. Aber er ließ die Frage unausgesprochen, weil er fürchtete, er könnte bei einem so empfindlichen Subjekt jene Halluzinationen des Gehörsinns hervorrufen, die er aufgrund ihrer herrischen Natur weitaus mehr fürchtete als visuelle Halluzinationen. Er war mit der Fügsamkeit der Kranken vertraut, wenn es darum ging, Befehlen zu gehorchen, die ihnen durch Stimmen gegeben wurden. Er verzichtete auf den Gedanken, Félicie zu befragen, und beschloss, sie unter allen Umständen von allen Gewissensbedenken zu befreien, die ihr Sorgen bereiten könnten. Da er jedoch festgestellt hatte, dass das moralische Verantwortungsgefühl bei Frauen im Allgemeinen schwach ist, unternahm er keine großen Anstrengungen in dieser Richtung und begnügte sich mit der oberflächlichen Bemerkung:

„Mein liebes Kind, du darfst dich nicht für den Tod dieses armen Kerls verantwortlich machen. Ein Selbstmord aus Leidenschaft ist das unvermeidliche Ende eines pathologischen Zustands. Jeder Mensch, der Selbstmord begeht, musste Selbstmord begehen. Du bist lediglich die zufällige Ursache dafür ein Unfall, der natürlich bedauerlich ist, dessen Bedeutung aber nicht überbewertet werden sollte."

Da er glaubte, in dieser Hinsicht genug gesagt zu haben, machte er sich sofort daran, die Schrecken zu zerstreuen, die sie umgaben. Er versuchte sie mit einfachen Argumenten davon zu überzeugen, dass sie Bilder sah, die keine Realität hatten, sondern lediglich Widerspiegelungen ihrer eigenen Gedanken. Um seine Demonstration zu veranschaulichen, erzählte er ihr eine beruhigende Geschichte.

„Ein englischer Arzt", erzählte er ihr, „behandelte eine hochintelligente Dame wie Sie, die wie Sie die Angewohnheit hatte, Katzen unter ihren Möbeln zu sehen, und von Phantomen besucht wurde. Er überzeugte sie von diesen Erscheinungen." Sie glaubte ihm nichts und machte sich keine Sorgen mehr. Eines schönen Tages, nach einer langen Zeit des Ruhestands, erschien sie wieder in der Gesellschaft, und als sie einen Salon betrat, sah sie auf sie zeigen Ein Sessel, bat sie, sich zu setzen, und sah, dass auf diesem Stuhl ein schlau aussehender alter Herr saß. Sie argumentierte, dass eine der beiden Personen notwendigerweise ein Geschöpf der Fantasie war Der Herr hatte keine wirkliche Existenz, sie setzte sich auf den Sessel und holte tief Luft. Von diesem Tag an sah sie beim Ersticken keine weiteren Phantome mehr der schlau aussehende alte Herr, sie hatte sie alle erstickt – im Grunde."

Félicie schüttelte den Kopf und sagte:

„Das gilt in diesem Fall nicht."

Sie wollte damit sagen, dass ihr eigenes Phantom kein grotesker alter Mann war, auf dem man sitzen konnte, sondern ein eifersüchtiger Toter, der ihr nicht ohne Grund einen Besuch abstattete. Aber sie hatte Angst, über diese Dinge zu sprechen; und indem sie ihre Hände auf ihre Knie fallen ließ, schwieg sie.

Als er sie so niedergeschlagen und niedergeschlagen sah, wies er darauf hin, dass diese Sehstörungen weder selten noch sehr schwerwiegend seien und dass sie bald verschwinden würden, ohne irgendwelche Spuren zu hinterlassen.

„Ich selbst", sagte er, „hatte einmal eine Vision."

"Du?"

„Ja, ich hatte vor etwa zwanzig Jahren eine Vision. Es war in Ägypten."

Er bemerkte, dass sie ihn fragend ansah, und begann die Geschichte seiner Halluzination, als er alle elektrischen Lichter angeschaltet hatte, um die Phantome der Dunkelheit zu vertreiben.

„Als ich in Kairo praktizierte, pflegte ich im Februar eines jeden Jahres den Nil hinauf bis nach Luxor zu fahren und von dort aus in Begleitung einiger Freunde die Gräber und Tempel in zu besichtigen Die Wüstenausflüge werden auf dem Rücken eines Esels unternommen. Als ich das letzte Mal nach Luxor ging, heuerte ich einen jungen Esel an, dessen weißer Esel stärker war als die anderen. Er war auch stärker, schlanker und sah besser aus als die anderen Eseljungen. Seine schüchternen, sanften Augen leuchteten hinter einem prächtigen Schleier aus langen schwarzen Wimpern hervor; Barfuß stapfte er mit einem Schritt durch die Wüste, der an die Kriegertänze erinnerte, von denen die Bibel spricht. Seine junge tierische Fröhlichkeit war bezaubernd; , plapperte er mit mir in einem begrenzten Vokabular, in dem sich Englisch, Französisch und Arabisch vermischten; es machte ihm Spaß, mir von den Reisenden zu erzählen, die er begleitet hatte und die seiner Meinung nach allesamt Prinzen oder Prinzessinnen waren; aber wenn ich ihn nach seinen Verwandten oder seinen Gefährten fragte, schwieg er und nahm eine Miene der Gleichgültigkeit und Langeweile an. Als er nach dem Versprechen von kräftigem Bakschisch verlangte, nahm der nasale Klang seiner Stimme einen liebkosenden Tonfall an. Er dachte sich raffinierte List aus und verschwendete ganze Schatzkammern an Gebeten, um an eine Zigarette zu kommen. Da er bemerkte, dass es mir gefiel, wenn die Eseljungen ihre Tiere freundlich behandelten, pflegte er in meiner Gegenwart Ramses auf die Nase zu küssen, und als wir anhielten, tanzte er mit ihm einen Walzer. Er bewies oft echten Einfallsreichtum, wenn es darum ging, das zu bekommen, was er wollte. Aber er war viel zu kurzsichtig, um auch nur die geringste Dankbarkeit für das zu zeigen, was er erhalten hatte. Gierig nach Piastern, begehrte er noch eifriger nach solchen kleinen glitzernden Gegenständen, die man nicht verstecken kann – goldene Schalnadeln, Ringe, Ärmelknöpfe oder Zigarrenanzünder aus Nickel; und wenn er eine Goldkette sah, strahlte sein Gesicht vor Freude.

„Der folgende Sommer war die schwerste Zeit meines Lebens. In Unterägypten war eine Cholera-Epidemie ausgebrochen. Ich rannte den ganzen Tag in glühender Hitze durch die Stadt. Die Sommer in Kairo sind für Europäer überwältigend. Wir erlebten die heißesten." Eines Tages hörte ich, dass Selim vor dem Heimatgericht von Kairo zum Tode verurteilt worden war. Er hatte die Tochter eines neunjährigen Mädchens ermordet, um sie zu berauben Ohrringe und hatte sie in eine Zisterne geworfen. Die mit Blut befleckten Ringe waren unter einem großen Stein im Tal der Könige gefunden worden. Es handelte sich um rohe Juwelen, die die nubischen Nomaden aus Schilling oder Zweifranken hämmerten Mir wurde gesagt, dass Selim mit Sicherheit gehängt würde, weil die Mutter des kleinen Mädchens das angebotene Blutgeld abgelehnt habe. Nun genießt der Khedive nicht das Vorrecht der Gnade, und der Mörder kann nach muslimischem Recht nur sein Leben erlösen wenn die Eltern des Opfers damit einverstanden sind, von ihm einen Geldbetrag als Entschädigung zu erhalten. Ich war zu beschäftigt, um darüber nachzudenken. Ich konnte mir gut vorstellen, dass Selim, listig, aber gedankenlos, streichelnd und doch gefühllos, mit dem kleinen Mädchen gespielt, ihr die Ohrringe abgerissen, sie getötet und ihren Körper versteckt hatte. Die Angelegenheit verschwand bald aus meinem Kopf. Die Epidemie breitete sich vom alten Kairo auf die europäischen Viertel aus. Ich besuchte täglich dreißig bis vierzig Kranke und übte in jedem Fall venöse Injektionen. Ich litt unter Leberproblemen, die Anämie machte mir zu schaffen und ich litt vor Müdigkeit. Um meine Kräfte zu schonen, gönnte ich mir mittags eine kleine Ruhepause. Nach dem Mittagessen legte ich mich gewöhnlich in den Innenhof meines Hauses und badete dort eine Stunde lang im afrikanischen Schatten, so dicht und kühl wie Wasser. Eines Tages, als ich gerade auf einem Diwan in meinem Hof lag und gerade eine Zigarette anzündete, sah ich Selim auf mich zukommen. Mit seinem schönen Bronzearm hob er den Türvorhang hoch und kam in seinem blauen Gewand auf mich zu. Er sprach nicht, sondern lächelte mit seinem schüchternen und unschuldigen Lächeln, und das tiefe Rot seiner Lippen enthüllte seine strahlenden Zähne. Seine Augen unter dem blauen Schatten seiner Wimpern leuchteten vor Begierde, während er auf meine Uhr blickte, die auf dem Tisch lag.

„Ich dachte, er wäre entkommen. Und das überraschte mich, nicht weil Gefangene in orientalischen Gefängnissen streng überwacht werden, wo Männer, Frauen, Pferde und Hunde in unvollständig geschlossenen Höfen zusammengetrieben und von einem mit einem Stock bewaffneten Soldaten bewacht werden. Aber Moslems schon Selim war nie in Versuchung, vor ihrem Schicksal zu fliehen, und näherte sich mit seinen Lippen meiner Hand, um sie nach altem Brauch zu küssen, und ich hatte auch den Beweis dafür Die Erscheinung war nur kurze Zeit vor mir gewesen. Als Selim verschwunden war, bemerkte ich, dass meine Zigarette, die noch brannte, noch nicht mit Asche bedeckt war.

„War er tot, als Sie ihn sahen?" fragte Nanteuil.

„Nicht ein bisschen davon", antwortete der Arzt, „ich hörte ein paar Tage später, dass Selim in seinem Gefängnis kleine Körbe flocht oder stundenlang mit einem Kranz aus Glaskugeln spielte und lächelnd bettelte." Ein Piaster europäischer Besucher, die von der streichelnden Sanftheit seiner Augen überrascht waren. Sechs Monate später war niemand darüber besorgt ."

„Und seitdem ist er nie wieder aufgetaucht?"

"Niemals."

Nanteuil sah ihn enttäuscht an.

„Ich dachte, er wäre gekommen, als er tot war. Aber da er im Gefängnis war, konntest du ihn sicherlich nicht in deinem Haus gesehen haben. Du hast nur gedacht, du hättest ihn gesehen."

Der Arzt verstand, was Félicie dachte, und antwortete schnell:

„Mein lieber kleiner Nanteuil, glauben Sie, was ich Ihnen sage. Die Phantome der Toten haben nicht mehr Realität als die Phantome der Lebenden."

Ohne darauf zu achten, was er sagte, fragte sie ihn, ob seine Vision wirklich auf eine Lebererkrankung zurückzuführen sei. Er antwortete, dass er glaube, dass der schlechte Zustand seiner Verdauungsorgane, die allgemeine Müdigkeit und die Neigung zu Stauungen ihn dazu veranlasst hätten, eine Erscheinung zu sehen.

„Es gab, glaube ich", fügte er hinzu, „eine unmittelbarere Ursache. Auf meinem Diwan ausgestreckt, war mein Kopf sehr gesenkt. Ich hob ihn, um eine Zigarette anzuzünden, und ließ ihn sofort zurückfallen. Diese Haltung ist besonders günstig für mich." Manchmal reicht es aus, sich mit zurückgeworfenem Kopf hinzulegen, um imaginäre Formen und Geräusche zu sehen und zu hören. Deshalb rate ich dir, mein Kind, mit einem Polster und einem dicken Kissen zu schlafen.

Sie begann zu lachen.

„Wie Mama es tut – majestätisch!"

Dann flitzen wir zu einer anderen Idee:

„Sag mir, Sokrates, wie kommt es, dass du dieses schmutzige Individuum und nicht ein anderes gesehen hast? Du hattest einen Esel von ihm gemietet und dachtest nicht mehr an ihn. Und doch kam er. Sagen Sie, was Sie wollen, es ist seltsam."

„Sie fragen mich, warum er es war und nicht ein anderer? Es würde mir sehr schwer fallen, es Ihnen zu sagen. Unsere Visionen, verbunden mit unseren innersten Gedanken, präsentieren uns oft ihre Bilder; manchmal gibt es keine Verbindung zwischen ihnen und ihnen zeig uns eine unerwartete Figur.

Er ermahnte sie noch einmal, sich nicht von Gespenstern erschrecken zu lassen.

„Die Toten kehren nicht zurück. Wenn Ihnen einer von ihnen erscheint, können Sie sicher sein, dass das, was Sie sehen, eine Vorstellung Ihres Gehirns ist."

„Können Sie", fragte sie; „garantieren, dass es nach dem Tod nichts mehr gibt?"

„Mein Kind, nach dem Tod gibt es nichts, was dich erschrecken könnte."

Sie stand auf, nahm ihr Täschchen und ihr Teil, reichte dem Arzt die Hand und sagte:

„Und du glaubst doch an nichts, alter Sokrates?"

Er hielt sie für einen Moment im Wartezimmer zurück und ermahnte sie, gut auf sich selbst aufzupassen, ein ruhiges, erholsames Leben zu führen und sich ausreichend auszuruhen.

„Glauben Sie, dass das in unserem Beruf einfach ist? Morgen habe ich eine Probe im Grünen Saal und eine auf der Bühne, und ich muss ein Kleid anprobieren, während ich heute Abend schauspielere. Für mehr als Seit einem Jahr führe ich so ein Leben."

KAPITEL X

Unter dem großen Hohlraum, den die Höhe des Daches für den aufsteigenden Gebetsflug freihielt, drängte sich die bunte Menschenmenge wie eine Schafherde zusammen.

Sie alle waren da, am Fuße des von Lichtern umgebenen und mit Blumen bedeckten Katafalks: Durville, der alte Maury, Delage, Vikar, Destrée, Léon Clim, Valrosche, Aman, Regnard, Pradel, Romilly und Marchegeay, der Verwalter. Sie waren alle da, Madame Ravaud, Madame Doulce, Ellen Midi, Duvernet, Herschell, Falempin, Stella, Marie-Claire, Louise Dalle, Fagette, Nanteuil, kniend, in Schwarz gekleidet, wie elegische Gestalten. Einige der Frauen lasen ihre Messbücher. Einige weinten. Sie alle trugen zum Sarg ihres Kameraden zumindest den Tribut ihrer schweren Augen und ihrer von der Morgenkälte bleichen Gesichter. Journalisten, Schauspieler, Dramatiker, ganze Familien jener Handwerker, die vom Theater ihren Lebensunterhalt verdienen, und eine Schar neugieriger Schaulustiger füllten das Kirchenschiff.

Die Chorsänger stießen die traurigen Schreie des *Kyrie-Eleison aus* ; der Priester küsste den Altar; wandte sich dem Volk zu und sagte:

„Dominus vobiscum.“

Romilly; bemerkte, dass er die Menge mit einem Blick erfasste

„Chevalier hat ein volles Haus.“

„Sehen Sie sich nur diese Louise Dalle an“, sagte Fagette. „Um auszusehen, als ob sie trauert, hat sie einen schwarzen Regenmantel angezogen!“

Etwas weiter hinten in der Kirche hielt Dr. Trublet mit Pradel und Constantin Marc, seiner Gewohnheit entsprechend, in gedämpftem Ton seine moralischen Predigten.

„Beobachten Sie“, sagte er, „dass sie auf dem Altar und um den Sarg herum winzige Nachtlichter in Form von Wachskerzen anzünden, die auf Billardstöcken montiert sind, und dass sie damit Lampenöl anstelle von reinem Wachs opfern.“ Zum Herrn. Die frommen Männer, die im Heiligtum wohnen, haben ihren Gott durch diese kleinen Täuschungen stets betrogen. Ich glaube, diese Beobachtung stammt nicht von mir.

Der Zelebrant, der auf der Briefseite des Altars stand, rezitierte mit leiser Stimme:

„Du ignorierst die Brüder des Schlafens nicht, aber du widerlegst dich nicht, sicut et cæteri qui spem not havet.“

„Wer übernimmt die Rolle von Florentin?" fragte Durville von Romilly.

„Regnard: Er wird darin nicht schlechter sein als Chevalier."

Pradel packte Trublet am Ärmel und sagte:

„Dr. Sokrates, ich bitte Sie, mir zu sagen, ob Sie als Wissenschaftler, als Physiologe ernsthafte Einwände gegen die Unsterblichkeit der Seele sehen?"

Er stellte die Frage als vielbeschäftigter und praktisch veranlagter Mann, der persönliche Informationen benötigte.

„Sie wissen zweifellos, mein lieber Freund", antwortete Trublet, „was Cyranos Vogel zu genau diesem Thema sagte. Eines Tages hörte Cyrano de Bergerac zwei Vögel, die sich in einem Baum unterhielten. Einer von ihnen sagte: ,Die Seelen der Vögel sind unsterblich. „Daran kann kein Zweifel bestehen", antwortete der andere. „Aber es ist unvorstellbar, dass Wesen, die weder Schnabel noch Federn besitzen, die keine Flügel haben und auf zwei Beinen gehen, glauben sollten, dass sie, wie die Vögel, einen haben." unsterbliche Seele.'"

„Trotzdem", sagte Pradel, „wenn ich die Orgel höre, bin ich voller religiöser Ideen."

„Requiem æternam dona eis, Domine."

Der berühmte Autor von *La Nuit du 23 octobre 1812* erschien in der Kirche, und kaum hatte er dies getan, war er überall im selben Moment – im Kirchenschiff, unter der Veranda und im Chor. Wie der *Diable boiteux* musste er sich auf seiner Krücke über die Köpfe der Gemeinde erhoben haben, um im Handumdrehen an Morlot vorbeizukommen, dem Stellvertreter, der als Freidenker im Vorplatz geblieben war Marie-Claire kniet am Fuße des Katafalk.

Im selben Moment flüsterte er allen ein paar flinke Sätze ins Ohr:

„Pradel, können Sie sich vorstellen, dass dieser Kerl seine Rolle, eine hervorragende Rolle, hinschmeißt und davonläuft, um sich umzubringen? Ein kürbisköpfiger Idiot! Bläst sich nur zwei Tage vor der ersten Nacht das Gehirn aus. Zwingt uns, ihn zu ersetzen, und legt los." Wir sind eine Woche zurück. Aber wir müssen ihm gerecht werden. Nun, mein lieber Romilly, wir proben den neuen Mann heute. Sorgen wir dafür, dass Regnard das Drehbuch für seine Rolle hat und dass er weiß, wie er auf das Dach klettert. Was wäre, wenn er es auch tun würde? Du brauchst nicht zu lachen. In meiner *ersten* Nacht bricht sich der Gondoliere Sandro den Arm. Ich bekomme einen dritten, er erkrankt an Typhus. Ich werde dir eine großartige Rolle anvertrauen, wenn du im Français ankommst. Aber ich habe bei den großen Göttern geschworen, dass ich nie wieder einen einzigen haben werde Stück, das in diesem Theater aufgeführt wird.

Und sofort erinnerte er sich unter der kleinen Tür, die den Chor auf der rechten Seite des Altars abschließt und das Epitaph seines Freundes Racine zeigt, das in die Wand eingelassen ist, wie ein Pariser, der mit den Altertümern seiner Stadt bestens vertraut ist, an die Geschichte Von diesem Stein erzählte er ihnen, wie der Dichter seinem Wunsch entsprechend in Port-Royal-des-Champs am Fuße des Grabes von Monsieur Hamon begraben worden sei, und das nach der Zerstörung der Abtei und der Zerstörung der Gräber , die Leiche von Messire Jean Racine, dem Sekretär des Königs und Bräutigam der Kammer, war überführt worden, allesamt unehrenhaft; nach Saint-Étienne-du-Mont. Und er erzählte, dass der Grabstein mit der für Boileau verfassten Inschrift unter dem Ritterwappen und dem Schild mit dem silbernen Schwan, von Monsieur Dodart ins Lateinische übersetzt, als Steinplatte im Chor der kleinen Kirche von Magny-Lessart gedient hatte ; wo es 1808 entdeckt wurde.

„Da ist es", fügte er hinzu. „Es wurde in sechs Teile zerbrochen und der Name Racine wurde von den Schuhen der Bauern ausgelöscht. Die Fragmente wurden zusammengesetzt und die fehlenden Buchstaben neu geschnitzt."

Er erläuterte dieses Thema mit seiner gewohnten Lebhaftigkeit und Offenheit, schöpfte aus seinem erstaunlichen Gedächtnis eine Vielzahl merkwürdiger Fakten und amüsanter Anekdoten, haucht der Geschichte Leben ein und verleiht der Archäologie ein lebendiges Interesse. Seine Bewunderung und sein Zorn brachen in der Feierlichkeit der Kirche und inmitten des Prunks der Zeremonie in schnellem und heftigem Wechsel hervor.

„Ich würde etwas geben, um zum Beispiel zu erfahren, wer die dummen Pfuscher waren, die diesen Stein in die Mauer gesetzt haben. *Hic jacet nobilis vir Johannes Racine.* Das ist nicht wahr! Sie machen Boileaus Grabinschrift zu einer Lüge. Die Leiche von Racine ist nicht da." Dieser Ort wurde in der dritten Kapelle auf der linken Seite beigesetzt, wenn Sie eintreten. Was für Idioten! Dann, plötzlich ruhig, zeigte er auf Pascals Grabstein.

„Das kam hierher aus dem Museum der Petits-Augustins. Für Lenoir, der in den Tagen der Revolution sammelte und konservierte, kann kein Lob zu groß sein."

Daraufhin improvisierte er einen zweiten Vortrag über Lapidararchäologie, der noch brillanter war als der erste, verwandelte die Geschichte von Pascals

Leben in ein schreckliches, aber amüsantes Drama und verschwand. Insgesamt blieb er zehn Minuten in der Kirche.

Über diesen Köpfen voller weltlicher Sorgen und profaner Wünsche grollte der *Dies iræ* wie ein Sturm:

> *„Mors stupebit et natura,*
> *Quum resurget creaturaJudicanti responsura. "*

„Sag mir, Dutil, wie konnte diese kleine Nanteuil, die hübsch und intelligent ist, sich mit einem schmutzigen Mistkerl wie Chevalier einlassen?"

„Ihre Unkenntnis des weiblichen Herzens überrascht mich."

„Herschell war hübscher, als sie brünett war."

> *„Qui Mariam absolvisti*
> *Et latronem exaudistiMihi quoque spem dedisti. "*

„Ich muss zum Mittagessen gehen."

„Kennen Sie jemanden, der den Minister kennt?"

„Durville ist ein alter Mann. Er bläst wie ein Opa."

„Fügen Sie mir einen kleinen Absatz über Marie Falempin ein. Ich kann Ihnen sagen, dass sie in *Les Trois Magots einfach köstlich war* ."

> *„Inter oves locum presta*
> *Et ab hædis me sequestra,Statuens in parte dextra. "*

„Also hat er Nanteuil zuliebe das Gehirn rausgepustet? Ein kleiner Trottel, der es nicht wert ist, verprügelt zu werden!"

Der Zelebrant goss Wein und Wasser in den Raum und sagte:

„Deus qui humanæ substantiæ dignitatem mirabiliter condidisu… "

„Stimmt es wirklich, Herr Doktor, dass er sich umgebracht hat, weil Nanteuil nichts mehr mit ihm zu tun haben wollte?"

„Er hat sich umgebracht", antwortete Trublet, „weil sie einen anderen liebte. Die Obsession mit genetischen Bildern führt häufig zu Manie und Melancholie."

„Sie verstehen zweitklassige Schauspieler nicht, Dr. Sokrates", sagte Pradel. „Er hat sich umgebracht, um Aufsehen zu erregen, und aus keinem anderen Grund."

„Es sind nicht nur zweitklassige Schauspieler", sagte Constantin Marc, „die unter dem unkontrollierbaren Wunsch leiden, um jeden Preis auf sich aufmerksam zu machen." Letztes Jahr stand an meinem Wohnort Saint-Bartholomé eine Dreschmaschine Bei der Arbeit rammte ein dreizehnjähriger Junge seinen Arm bis zur Schulter. Der Chirurg, der ihn amputierte, fragte ihn, warum er sich so verstümmelt habe dass es darum ging, auf sich aufmerksam zu machen.

Inzwischen hatte Nanteuil mit trockenen Augen und geschürzten Lippen den Blick auf das schwarze Tuch gerichtet, mit dem der Katafalk bedeckt war, und wartete ungeduldig, bis dem Toten genügend Weihwasser, Kerzen und lateinische Gebete zuteil wurden, damit er gehen konnte in Frieden. Sie hatte ihn in der Nacht zuvor wiedergesehen und dachte, er sei zurückgekehrt, weil die Priester ihm noch nicht geboten hatten, in Frieden zu ruhen. Als sie dann darüber nachdachte, dass auch sie eines Tages sterben und wie er unter einem schwarzen Leichentuch in einen Sarg gelegt werden würde, schauderte sie vor Entsetzen und schloss die Augen. Die Vorstellung vom Leben war in ihr so stark, dass sie sich den Tod als ein abscheuliches Leben vorstellte. Aus Angst vor dem Tod betete sie um ein langes Leben. Sie, eine profane Büßerin, kniete mit gesenktem Kopf, die üppige Aschewolke ihres beschwingten Haares fiel ihr in die Stirn und las in ihrem Gebetbuch Worte, die sie beruhigten, obwohl sie sie nicht verstand.

„Herr Jesus Christus, König der Herrlichkeit, errette die Seelen aller Gläubigen, die tot sind, von den Schmerzen der Hölle und aus den Tiefen des Abgrunds. Errette sie aus dem Rachen des Löwen. Lass sie nicht in die Hölle stürzen, und lass sie nicht Fallen Sie in die äußere Dunkelheit, aber ertragen Sie, dass der heilige Michael, der Fürst der Engel, sie zu dem heiligen Licht führt, das Sie Abraham und seiner Nachkommenschaft versprochen haben.

Bei der Erhebung der Hostie hörte die Gemeinde, von dem vagen Eindruck durchdrungen, dass das Geheimnis heiliger werde, mit ihren privaten Gesprächen auf und nahm einen gewissen Anschein ehrfürchtiger Hingabe an. Und als die Orgel verstummte, neigten sich alle Köpfe zum Klang einer kleinen Glocke, die von einem Kind geschüttelt wurde. Dann, nach dem letzten Evangelium, als der Priester nach Beendigung des Gottesdienstes in Begleitung seiner Ministranten unter dem Gesang der *Libera zum Katafalk ging*, verspürte die Menge ein Gefühl der Erleichterung, und sie begannen, sich gegenseitig anzurempeln wenig, um am Sarg vorbeizukommen. Die Frauen, deren Frömmigkeit, Trauer und Reue von ihrer Unbeweglichkeit und ihrer knienden Haltung abhingen, wurden durch die Bewegung und die Begegnungen der Prozession sofort in ihre gewohnte Stimmung zurückgerufen. Sie tauschten untereinander und mit den Männern Bemerkungen über ihren Beruf aus.

„Wissen Sie", sagte Ellen Midi zu Falempin, „dass Nanteuil der Comédie-Française beitreten wird?"

"Es ist nicht möglich!"

„Der Vertrag ist unterzeichnet."

„Wie hat sie das geschafft?"

„Nicht durch ihr Schauspiel, da können Sie sicher sein", antwortete Ellen, die dann eine äußerst skandalöse Geschichte erzählte.

„Pass auf dich auf", sagte Falempin, „sie ist direkt hinter dir."

„Ja, ich sehe sie! Sie hat eine eigene Frechheit, die sich hier zeigen muss, finden Sie nicht?"

Marie-Claire flüsterte Durville eine außergewöhnliche Neuigkeit ins Ohr:

„Man sagt, er habe Selbstmord begangen. Nun, da ist kein Wort der Wahrheit drin. Er hat überhaupt keinen Selbstmord begangen. Und der Beweis dafür ist, dass er mit den Riten der Kirche begraben wird."

"Was dann?" fragte Durville.

„Monsieur de Ligny überraschte ihn mit Nanteuil und tötete ihn."

"Komm, komm!"

„Ich kann Ihnen versichern, dass ich genau informiert bin."

Die Gespräche wurden lebhafter und vertrauter.

„Du bist also hier, du böser alter Sünder!"

„Die Kasseneinnahmen gehen bereits zurück."

„Stella hat es geschafft, sich von siebzehn Abgeordneten vorschlagen zu lassen, von denen neun Mitglieder der Haushaltskommission sind."

„Dennoch habe ich Herschell gesagt: ‚Dieser kleine Bocquet-Typ ist nicht der richtige Mann für dich. Was du brauchst, ist ein Mann von Ansehen.'"

Als die Bahre, getragen von den Männern des Leichenbestatters, durch die Westtür ging, fielen die köstlichen Strahlen der Wintersonne auf die Gesichter der Frauen und der Rosen, die auf dem Sarg lagen. Auf beiden Seiten des Vorplatzes gruppierten sich ein paar junge Männer aus den großen Colleges, die nach den Gesichtern berühmter Persönlichkeiten suchten. Die kleinen Fabrikmädchen aus den benachbarten Werkstätten standen paarweise da, die Arme um die Hüften geschlungen, und betrachteten die Kleider der Schauspielerinnen. Und ein paar Landstreicher, die es gewohnt waren, unter freiem Himmel zu leben, ob mild oder mürrisch, standen auf ihren schmerzenden Füßen an der Veranda und veränderten langsam ihren niedergeschlagenen Blick, während ein Student mit Entzücken auf die feurigen Locken starrte, die sich wie Flammen darauf wanden der Nacken von Fagette.

Sie war auf der obersten Stufe vor der Tür stehengeblieben und unterhielt sich mit Constantin Marc und ein paar Journalisten:

„...Monsieur de Ligny? Er tanzte schon lange bevor er Nanteuil kannte, auf mich ein. Er blickte mich stundenlang mit eifrigen Augen an, ohne es zu wagen, ein Wort mit mir zu sprechen. Ich empfing ihn bereitwillig, für sein eigenes Man kann mit Fug und Recht behaupten, dass er so zurückhaltend war, wie ein Mann nur sein konnte. Eines Tages erklärte er mir, dass er so sehr in mich verliebt sei Im Ernst würde ich das Gleiche tun; dass es mir wirklich leid tat, ihn in einem solchen Zustand zu sehen, dass ich jedes Mal, wenn so etwas passierte, sehr darüber verärgert war, dass ich mein Leben geregelt hatte; , und er konnte nichts für ihn tun. Er teilte mir mit, dass er sich weder dazu entschließen würde, noch dort zu bleiben oder wegzugehen. die dachte, ich liebe ihn und wollte ihn behalten, tat alles in ihrer Macht stehende, um ihn von mir wegzubringen. Sie warf sich auf die verrückteste Art und Weise an seinen Kopf, ich fand sie manchmal ein wenig lächerlich, aber, wie Sie sich vorstellen können, ich stellte ihr kein Hindernis in den Weg. Monsieur de Ligny seinerseits reagierte sehr deutlich auf Nanteuils Annäherungsversuche, um in mir Bedauern, Ärger oder was auch immer zu wecken, vielleicht in der Hoffnung, mich eifersüchtig zu machen. Und so kamen sie zusammen. Ich war erfreut. Nanteuil und ich sind beste Freunde.

Madame Doulce, zu beiden Seiten von den Zuschauern eingekesselt, kam langsam die Stufen hinunter und gab sich der Illusion hin, dass die Menge flüsterte: „Das ist Doulce!"

Als sie vorbeiging, ergriff sie Nanteuil, drückte sie an ihre Brust, hüllte sie mit einer schönen Geste christlicher Barmherzigkeit in ihren Mantel und sagte unter Tränen:

„Versuche zu beten, mein Kind, und nimm diese Medaille an. Sie wurde vom Papst gesegnet. Ein Dominikanerpater hat sie mir geschenkt."

Madame Nanteuil, die ein wenig außer Atem war, aber wieder jung wurde, seit sie ihre Liebeserfahrung erneuert hatte, war die letzte, die herauskam. Durville drückte ihr die Hand.

„Armer Ritter!" er murmelte.

„Er war kein schlechter Charakter", antwortete Madame Nanteuil, „aber er zeigte einen Mangel an Taktgefühl. Ein Mann von Welt begeht auf diese Weise keinen Selbstmord. Armer Junge, er hatte keine Erziehung."

Der Leichenwagen begann seine Reise im kolossalen Schatten des Panthéon und fuhr weiter die Rue Soufflet entlang, die auf beiden Seiten von Buchhändlern gesäumt ist. Chevaliers Mitspieler, die Angestellten des Theaters, der Regisseur, Dr. Sokrates, Constantin Marc, einige Journalisten und ein paar neugierige Zuschauer folgten. Die Geistlichen und die Schauspielerinnen nahmen in den Trauerkutschen Platz. Nanteuil missachtete den Rat von Madame Doulce und folgte mit Fagette in einem gemieteten Coupé.

Das Wetter war gut. Hinter dem Leichenwagen unterhielten sich die Trauergäste auf vertraute Weise.

„Der Friedhof ist der Teufel!"

„Montparnasse? Eine halbe Stunde draußen."

„Wissen Sie, dass Nanteuil an der Comédie-Française verlobt ist?"

„Proben wir heute?" Constantin Marc erkundigte sich bei Romilly.

„Natürlich tun wir das um drei Uhr im grünen Saal. Wir werden bis fünf proben. Ich spiele heute Abend; ich spiele morgen; am Sonntag spiele ich sowohl nachmittags als auch abends. Die Arbeit ist Für uns Schauspieler ist es nie vorbei; man fängt immer wieder von vorne an und setzt sich immer wieder ans Steuer."

Adolphe Meunier, der Dichter, legte ihm die Hand auf die Schulter und sagte:

„Alles gut, Romilly?"

„Wie geht es dir, Meunier? Immer den Stein des Sisyphos zu rollen. Das wäre nichts, aber der Erfolg hängt nicht nur von uns ab. Wenn das Stück schlecht ist und scheitert, ist alles, was wir hineingesteckt haben, unsere Arbeit." , unser Talent, ein Teil unseres eigenen Lebens, bricht damit zusammen. Und wie oft ist das Stück unter mir zusammengebrochen und hat mich in die Gosse geworfen. wenn man nur für seine eigenen Sünden bestraft würde!"

„Mein lieber Romilly", antwortete Meunier scharf, „glauben Sie, dass das Schicksal dramatischer Autoren wie mir nicht so sehr von den Schauspielern abhängt wie von uns selbst? Glauben Sie, dass es nie vorkommt, dass Schauspieler durch ihre Nachlässigkeit oder Ungeschicklichkeit zugrunde gehen? ein Werk, das den Höhepunkt erreichen sollte? Und werden auch wir, wie Cäsars Legionär, von Bestürzung und Angst erfasst bei dem Gedanken, dass unser Schicksal nicht durch unsere eigene Tapferkeit gesichert ist, sondern dass es von denen abhängt, die an unserer Seite kämpfen? ?"

„So ist das Leben", bemerkte Constantin Marc. „In jedem Unterfangen, überall und immer zahlen wir für die Fehler anderer."

„Das ist nur zu wahr", resümierte Meunier, der gerade sein lyrisches Drama „ *Pandolphe et Clarimonde* " hoffnungslos scheitern sah. „Aber die Ungerechtigkeit davon ekelt uns an."

„Es sollte uns nicht im Geringsten abstoßen", antwortete Constantin Marc. „Es gibt ein heiliges Gesetz, das die Welt regiert, dem wir gehorchen müssen, das wir mit Stolz anbeten. Es ist Ungerechtigkeit, heilige Ungerechtigkeit, erhabene Ungerechtigkeit. Es wird überall unter dem Namen Glück, Glück, Genie und Gnade gesegnet." . Es ist eine Schwäche, es nicht anzuerkennen und unter seinem wahren Namen zu verehren."

„Das ist ziemlich seltsam, was du gerade gesagt hast!" bemerkte der sanfte Meunier.

„Denken Sie darüber nach", resümierte Constantin Marc. „Auch du gehörst selbst zur Partei der Ungerechtigkeit, denn du strebst nach Unterscheidung, und du willst mit gutem Grund deine Konkurrenten erdrosseln, ein natürlicher, ungerechter und legitimer Wunsch. Kennst du etwas Dümmeres oder Abscheulicheres als das?" Welche Art von Menschen haben wir gesehen, die Gerechtigkeit forderten? Die öffentliche Meinung, die sich jedoch nicht durch ihre Intelligenz auszeichnet, und der gesunde Menschenverstand, der dennoch kein überlegener Sinn ist, haben das Gefühl, dass sie das genaue Gegenteil von Natur, Gesellschaft und Leben darstellen. "

„Ganz richtig", sagte Meunier, „aber Gerechtigkeit –"

„Gerechtigkeit ist nichts anderes als der Traum einiger Einfaltspinsel. Ungerechtigkeit ist der Gedanke Gottes selbst. Die Lehre von der Erbsünde würde allein ausreichen, um mich zum Christen zu machen, während die Lehre von der Gnade alle göttlichen und menschlichen Wahrheiten verkörpert."

„Bist du dann ein Gläubiger?" fragte Romilly respektvoll.

„Nein, aber ich möchte es sein. Ich betrachte den Glauben als den wertvollsten Besitz, den ein Mann auf dieser Welt genießen kann. In Saint-Bartholomé gehe ich jeden Sonntag und jeden Feiertag zur Messe, und ich habe noch nie der Kirche zugehört Darlegung des Evangeliums durch den *Pfarrer* , ohne mir zu sagen: „Ich würde alles, was ich besitze, mein Haus, meine Äcker, meine Wälder, dafür geben, so dumm zu sein wie das Tier dort."

Michel, der junge Maler mit dem Mystikerbart, sagte zu Roget, dem Szenenmaler:

„Der arme Chevalier war ein Mann mit Ideen. Aber es waren nicht nur gute. Eines Abends kam er strahlend und verklärt in die *Brasserie*, setzte sich neben uns, drehte seinen alten Filzhut zwischen seinen langen roten Fingern und rief: ‚Ich habe die wahre Art entdeckt, eine Tragödie zu spielen. Bisher hat niemand begriffen, wie man eine Tragödie spielt, niemand, verstehen Sie!' Und er erzählte uns, was er entdeckt hatte. „Ich komme gerade aus der Kammer. Sie ließen mich ins Amphitheater hinaufsteigen. Ich konnte die Abgeordneten wie schwarze Insekten auf dem Boden einer Grube wimmeln sehen. Plötzlich bestieg ein untersetzter kleiner Mann die Tribüne. Er sah aus, als trüge er einen Sack Kohlen auf dem Rücken. Er breitete die Arme aus und ballte die Fäuste. Herrgott, war er komisch! Er hatte einen Südstaatenakzent und seine Redeweise war voller Fehler. Er sprach von den Arbeitern, vom Proletariat, von sozialer Gerechtigkeit. Es war großartig; seine Stimme, seine Gesten packten einen bis in die Eingeweide; der Applaus brachte das Haus beinahe zum Einsturz. Ich sagte mir: „Was er tut, werde ich auf der Bühne tun, und ich werde es besser tun. Ich, ein Komiker, werde die Tragödie spielen." Große Tragödienrollen müssen, wenn sie ihre wahre Wirkung entfalten sollen, von einem Komiker gespielt werden, der aber eine Seele haben muss." Der arme Kerl glaubte tatsächlich, er habe sich eine neue Kunstform ausgedacht. ‚Du wirst schon sehen', sagte er."

An der Ecke des Boulevard Saint-Michel kam ein Journalist auf Meunier zu und fragte ihn:

„Stimmt es, dass Robert de Ligny einst unsterblich in Fagette verliebt war?"

„Wenn er in sie verliebt ist, ist er das noch nicht so lange. Erst vor zwei Wochen fragte er mich im Theater: ‚Wer ist diese kleine blonde Frau?' und er zeigte auf Fagette.

„Ich kann nicht verstehen", sagte der Chronist einer Abendzeitung zu einem Chronisten einer Morgenzeitung, „was der Ursprung unserer Manie zur Verleumdung der Menschheit sein kann. Ich bin dagegen erstaunt über die Zahl anständiger Menschen, die ich habe." Es genügt, den Eindruck zu erwecken, dass sich die Menschen für das Gute schämen, das sie tun, und dass sie sich verstecken, wenn sie hingebungsvolle und großzügige Taten vollbringen. Finden Sie das nicht?

„Soweit es mich betrifft", antwortete der Chronist der Morgenzeitung, „sind ich jedes Mal, wenn ich aus Versehen eine Tür geöffnet habe – ich meine das sowohl wörtlich als auch metaphorisch –, auf eine unerwartete Gemeinheit gestoßen. Wurde die Gesellschaft plötzlich nach innen gekehrt? wie ein

Handschuh herausziehen, damit man das Innere sehen kann, würden wir alle vor Entsetzen und Ekel in Ohnmacht fallen.

„Vor einiger Zeit", sagte Roger zum Maler Michel, „kannte ich Chevaliers Onkel auf dem Butte de Montmartre. Er war ein Fotograf, der wie ein Astrologe gekleidet war. Ein verrückter alter Kerl, der einem Kunden immer das Porträt eines anderen schickte." Die Kunden beschwerten sich, aber nicht alle. Es gab sogar einige, die meinten, die Porträts hätten eine gute Ähnlichkeit.

„Was ist aus ihm geworden?"

„Er ging bankrott und erhängte sich."

Auf dem Boulevard nutzte Saint-Michel Pradel, der neben Trublet ging, noch immer die Gelegenheit, sich über die Unsterblichkeit der Seele und das Schicksal des Menschen nach dem Tod zu informieren. Er erhielt nichts, was ihm ausreichend positiv erschien, und wiederholte:

„Das würde ich gerne wissen."

Worauf Dr. Sokrates antwortete:

„Männer wurden nicht zum Wissen gemacht; Männer wurden nicht zum Verstehen gebracht. Sie besitzen nicht die notwendigen Fähigkeiten. Das Gehirn eines Mannes ist größer und reicher an Windungen als das eines Gorillas, aber es gibt keinen wesentlichen Unterschied zwischen den beiden. Unser höchstes Gedanken und unsere umfassendsten Systeme werden nie mehr sein als die großartige Erweiterung der im Kopf eines Affen enthaltenen Ideen. Wir wissen mehr über die Welt als der Hund, und das schmeichelt uns und unterhält uns sich selbst, und unsere Illusionen nehmen mit unserem Wissen zu."

Aber Pradel hörte nicht zu. Er probte im Geiste die Rede, die er am Grab von Chevalier halten sollte.

Als sich der Trauerzug den schäbigen Rasenflächen zuwandte, die die Avenue de l'Observatoire überragen, machten ihm die Straßenbahnwagen aus Respekt vor den Toten Platz.

Trublet bemerkte dazu.

„Männer", sagte er, „respektieren den Tod, denn sie glauben zu Recht, dass, wenn es respektabel ist zu sterben, jeder sicher sein kann, dass er zumindest darin respektabel ist."

Die Schauspieler diskutierten aufgeregt über Chevaliers Tod. Auf geheimnisvolle Weise und mit tiefer Stimme enthüllte Durville die Tragödie:

„Es handelt sich nicht um Selbstmord. Es handelt sich um ein Verbrechen aus Leidenschaft." Monsieur de Ligny überraschte Chevalier mit Nanteuil. Er feuerte sieben Revolverschüsse auf ihn ab. Zwei Kugeln trafen unseren unglücklichen Kameraden am Kopf und in der Brust, vier gingen daneben und ... der fünfte streifte Nanteuil unterhalb der linken Brust."

„Ist Nanteuil verwundet?"

"Nur etwas."

„Wird Monsieur de Ligny verhaftet?"

„Die Angelegenheit muss vertuscht werden, und das zu Recht. Ich habe jedoch die beste Autorität für das, was ich sage."

Auch in den Waggons waren die Schauspielerinnen damit beschäftigt, verschiedene Reportagen zu verbreiten. Einige waren sich sicher, dass es sich um einen Mordfall handelte; andere, einer von Selbstmord.

„Er schoss sich mit einem Revolver in die Brust", behauptete Falempin. „Aber er verletzte sich nur selbst. Der Arzt sagte, wenn man ihn rechtzeitig behandelt hätte, hätte er vielleicht gerettet werden können. Aber sie ließen ihn blutüberströmt auf dem Boden liegen."

Und Madame Doulce sagte zu Ellen Midi:

„Oft war es mein Schicksal, neben einem Sterbebett zu stehen. Immer knie ich nieder und bete. Ich fühle mich sofort von einer himmlischen Gelassenheit erfüllt."

„Sie haben wirklich Glück!", antwortete Ellen Midi.

Am Ende der Rue Campagne-Première, auf den breiten grauen Boulevards, wurde ihnen bewusst, wie lang der Weg war, den sie zurückgelegt hatten, und wie melancholisch die Reise war. Sie hatten das Gefühl, dass sie, während sie dem Sarg folgten, die Grenzen des Lebens überschritten hatten und sich bereits im Land der Toten befanden. Zu ihrer Rechten erstreckten sich die Höfe der Marmorarbeiter, die Floristengeschäfte, die Kränze für Beerdigungen, Ausstellungen von Topfblumen und die sparsame Ausstattung von Gräbern, Blumenständer aus Zink, Kränze aus Immortellen aus Zement und Schutzengel aus Gips lieferten . Zu ihrer Linken konnten sie hinter der niedrigen Mauer des Friedhofs die weißen Kreuze sehen, die zwischen den kahlen Wipfeln der Linden aufragten, und überall, im fahlen Staub, atmeten sie den Tod, alltägliche, einheitliche Todesfälle unter der Verwaltung der Stadt und der Stadt Staatlich und durch die frommen Hände der Verwandten schlecht verschönert.

Sie gingen zwischen zwei massiven Steinsäulen hindurch, die von geflügelten Sanduhren gekrönt waren. Der Leichenwagen bewegte sich langsam auf dem Kies voran, der in der Stille knarrte. Es schien inmitten der Häuser der Toten doppelt so hoch zu sein wie zuvor. Die Trauernden lasen die berühmten Namen auf einigen Gräbern oder bestaunten die Statue eines jungen Mädchens, das mit einem Buch in der Hand saß. Der alte Maury entzifferte in den Inschriften das Alter des Verstorbenen. Kurze Leben und noch mehr Leben von durchschnittlicher Dauer beunruhigten ihn als ein schlechtes Omen. Doch als er den Verstorbenen begegnete, die sich durch die Länge ihrer Jahre auszeichneten, schöpfte er freudig aus ihnen die Hoffnung und die Wahrscheinlichkeit eines langen Lebens.

Der Leichenwagen hielt mitten in einer Seitengasse. Der Klerus und die Frauen stiegen aus den Kutschen. Delage empfing die würdige Madame Ravaud, die etwas schwerfällig wurde, vom oberen Ende der Kutschentreppe aus in seine Arme, und plötzlich machte er ihr, halb im Scherz, halb im Ernst, bestimmte Vorschläge. Sie war nicht mehr jung, da sie bereits seit einem halben Jahrhundert auf der Bühne stand. Delage hielt sie mit seinen fünfundzwanzig Jahren für ungeheuer alt. Doch als er ihr ins Ohr flüsterte, fühlte er sich aufgeregt, verliebt, er wurde aufrichtig, er begehrte sie wirklich, aus perverser Neugier, weil er etwas Außergewöhnliches tun wollte und sicher war, dass er es vielleicht schaffen würde wegen seines professionellen Instinkts als gutaussehender junger Mann und schließlich, weil er, nachdem er zunächst um etwas gebeten hatte, was er nicht wollte, begann, das zu wollen, worum er gebeten hatte. Madame Ravaud, empört, aber geschmeichelt, entkam.

Der Sarg wurde über einen schmalen, von Zwergzypressen gesäumten Pfad getragen, während Gebete gemurmelt wurden:

„In paradisum deducant te Angeli, in tuo Adventu susciptant te Martyres et perducant te in civitatem sanctam Jerusalem, Chorus Angelorum te suscipiat et cum Lazaro, quondam paupere, æternam habeas requiem.“

Bald war kein Weg mehr sichtbar. Es war notwendig, dem schnell verschwindenden Sarg zu folgen, die Priester und Chorsänger zu zerstreuen, über die liegenden Grabsteine zu schreiten und zwischen den zerbrochenen Säulen und aufrechten Platten hindurchzuschlüpfen. Sie verloren den Sarg und fanden ihn wieder. Nanteuil zeigte einen gewissen Eifer bei der Verfolgung, ängstlich und abrupt, ihr Gebetbuch in der Hand, befreite ihren Rock, als er am Geländer hängen blieb, und streifte an den verwelkten Kränzen vorbei, an denen die Köpfe der Immortellen an ihrem Kleid klebten. Schließlich roch der erste, der das Grab erreichte, den beißenden

Geruch der frisch umgegrabenen Erde und sah von der Höhe der benachbarten Steinplatten aus das Grab, in das der Sarg versenkt wurde.

Die Schauspieler hatten großzügig zu den Kosten der Beerdigung beigetragen; Sie hatten sich zusammengetan, um für ihren Kameraden so viel Erde zu kaufen, wie er brauchte, zwei Meter für fünf Jahre. Romilly hatte im Namen der Schauspieler des Odéon der Friedhofsverwaltung 300 Franken, genauer gesagt 301 Franken, gezahlt. 80 Rappen. Er hatte sogar Pläne für ein Denkmal gemacht, eine zerbrochene Stele, an der komische Masken aufgehängt waren. Zu diesem Punkt sei jedoch noch keine Entscheidung gefallen.

Der Zelebrant segnete das offene Grab. Und der Priester und die Knabenchöre murmelten die Antworten:

„Requiem æternam dona ei, Domine.“

„Et lux perpetua luceat ei.“

"Ruhe in Frieden."

"Amen."

„Anima ejus et animæ omnium fidelium defunctorum, per misericordiam Dei, erforderlich im Tempo.“

"Amen."

„De profundis…“

Jeder der Anwesenden trat vor, um den Sarg mit Weihwasser zu besprengen. Nanteuil stand da und beobachtete alles, die Gebete, die Schaufel voll Erde, das Besprengen; Dann kniete sie abseits an der Ecke eines Grabes und rezitierte inbrünstig „Vater unser, der du im Himmel bist …“

Pradel sprach am Grab. Er verzichtete auf eine Rede. Doch das Théâtre de l'Odéon konnte nicht zulassen, dass ein von allen geliebter junger Künstler ohne ein Abschiedswort ging.

„Ich werde daher im Namen der großen und aufrichtigen dramatischen Familie die Worte sprechen, die in jeder Brust sind.“

Die Schauspieler, die sich in einstudierten Haltungen um den Sprecher gruppierten, hörten mit profundem Wissen zu. Sie hörten aktiv zu, mit Ohren, Lippen, Augen, Armen und Beinen. Jeder hörte auf seine eigene Weise zu, mit Adel, Einfachheit, Kummer oder Aufsässigkeit, je nachdem, welche Rolle der Schauspieler zu spielen pflegte.

Nein, der Direktor des Theaters wollte es nicht dulden, dass der tapfere Schauspieler, der im Laufe seiner nur allzu kurzen Karriere mehr als vielversprechende Leistungen gezeigt hatte, ohne ein Wort des Abschieds ging.

„Der ritterliche, ungestüme, unebene, unruhige Charakter verlieh seinen Schöpfungen einen individuellen Charakter, eine unverwechselbare Physiognomie. Wir sahen ihn vor wenigen Tagen – vor ein paar Stunden, würde ich sagen – einen episodischen Charakter kraftvoll hervorheben. Der Autor von Das Stück stand kurz vor dem Erfolg. Es gibt diejenigen, die gefragt haben, woran ein so grausames Ende gestorben ist seine Kunst; er starb an einem dramatischen Fieber, das uns alle langsam verzehrte. Leider ist die Bühne, von der das Publikum nur das Lächeln sieht, und die Tränen so süß wie das Lächeln Herr, der von seinen Dienern absolute Hingabe und die schmerzlichsten Opfer verlangt und manchmal seine Opfer fordert. Im Namen aller Ihrer Kameraden: Lebe wohl, Chevalier, lebe wohl!

Die Taschentücher waren am Werk und wischten den Trauernden die Tränen weg. Die Schauspieler weinten aufrichtig; sie weinten um sich selbst.

Nachdem sie sich davongeschlichen hatten, überblickte Dr. Trublet, der mit Constantin Marc allein auf dem Friedhof zurückblieb, mit einem flüchtigen Blick die Vielzahl der Gräber.

„Erinnern Sie sich", sagte er, „an eine von Auguste Comtes Überlegungen: ‚Die Menschheit besteht aus Toten und Lebenden. Die Toten sind bei weitem zahlreicher.' Sicherlich sind die Toten bei weitem zahlreicher und mächtiger. Sie sind es, die unter diesen Steinen herrschen Gesetz, dem ich mich heute unterwerfe; der Architekt, der mein Haus gebaut hat, der Dichter, der die Illusionen geschaffen hat, die uns noch vor unserer Geburt beeinflussen; hier sind alle Handwerker unseres Wissens, ob wahr oder falsch Unsere Weisheit und unsere Torheiten liegen in ihnen, den unerbittlichen Führern, denen wir nicht ungehorsam sein dürfen. Was bedeutet eine Generation lebender Menschen im Vergleich zu den zahllosen Generationen der Toten? ? Was ist unser Wille eines Tages vor dem Willen von tausend Jahrhunderten? Warum haben wir nicht einmal Zeit, ihnen zu gehorchen?"

„Endlich kommen Sie zum Punkt, Dr. Sokrates!" sagte Constantin Marc. „Sie verzichten auf den Fortschritt, die neue Gerechtigkeit, den Frieden der Welt, die Gedankenfreiheit; Sie unterwerfen sich der Tradition. Sie stimmen dem alten Irrtum, der guten, altmodischen Ignoranz, der ehrwürdigen Ungerechtigkeit unserer Vorfahren zu. Sie ziehen sich in die Franzosen zurück Tradition, du unterwirfst dich dem alten Brauch, der Autorität unserer Vorfahren.

„Woher beziehen Sie Sitte und Tradition?" fragte Trablet. „Woher erhältst du Autorität? Es gibt unversöhnliche Traditionen, unterschiedliche Bräuche und gegensätzliche Autoritäten. Die Toten zwingen uns nicht zu einem bestimmten Willen. Sie unterwerfen uns widersprüchlichen Willen. Die Meinungen der Vergangenheit, die auf uns lasten, sind unsicher und verwirrt." . Indem sie uns vernichteten, haben alle diese Toten, wie wir, zu ihrer Zeit, in Hass oder in Liebe, den Traum vom Leben geträumt Wir wiederum träumen diesen Traum mit Freundlichkeit und Freude, wenn es möglich ist, und lassen Sie uns zum Mittagessen gehen. Ich führe Sie in eine kleine Taverne in der Rue Vavin, die von Clémence geführt wird, die nur ein Gericht kocht, aber ein wunderbares Eines davon ist das *Cassoulet von Castelnaudary* , nicht zu verwechseln mit dem nach Carcassonne-Art zubereiteten *Cassoulet* , bei dem es sich lediglich um eine Hammelkeule mit weißen Bohnen handelt. Das *Cassoulet* von Castelnaudary besteht aus eingelegten Gänsekeulen, zuvor gebleichten weißen Bohnen und Speck , und eine kleine Wurst. Um gut zu sein, muss es lange bei schwacher Hitze gegart werden. Clémence's *Cassoulet* kocht seit zwanzig Jahren. Von Zeit zu Zeit gibt sie in den Topf, mal ein bisschen Gans oder Speck, mal eine Wurst oder ein paar weiße Bohnen, aber es ist immer das gleiche *Cassoulet* . Die Brühe bleibt erhalten, und diese alte und kostbare Brühe verleiht ihr den Geschmack, den man auf den Bildern der alten venezianischen Meister im bernsteinfarbenen Fleisch der Frauen findet. Kommen Sie, ich möchte, dass Sie *das Cassoulet von Clémence probieren* .

KAPITEL XI

Nachdem sie ihr Gebet gesprochen hatte, sprang Nanteuil, ohne Pradels Rede abzuwarten, in eine Kutsche, um sich Robert de Ligny anzuschließen, der vor dem Bahnhof Montparnasse auf sie wartete. Inmitten der Menge der Passanten schüttelten sie sich die Hände und blickten einander wortlos an. Sie fühlten sich mehr denn je miteinander verbunden. Robert liebte sie.

Er liebte sie, ohne es zu wissen. Sie war für ihn, so glaubte er, nur eine Freude in der unendlichen Reihe möglicher Freuden. Aber die Freude hatte für ihn die Form von Félicie angenommen, und wenn er tiefer über die unzähligen Frauen nachgedacht hätte, die er sich für den Rest seines neu begonnenen Lebens versprochen hatte, hätte er erkannt, dass sie jetzt alle Félicies waren. Er hätte zumindest erkennen können, dass er, ohne die Absicht zu haben, ihr treu zu sein, nicht im Traum daran dachte, ihr untreu zu werden, und dass er, seit sie sich ihm hingegeben hatte, keine andere Frau begehrt hatte. Aber er merkte es nicht.

Bei dieser Gelegenheit jedoch, als ich auf dem belebten, alltäglichen Platz stand und sie nicht mehr im üppigen Schatten der Nacht sah, auch nicht unter dem streichelnden Schimmer der Nische, die ihrer nackten Gestalt die köstliche Unbestimmtheit einer Milchstraße verlieh, sondern in einer rauen Atmosphäre , diffuses Tageslicht, durch die umständliche Beleuchtung eines Sonnenlichts ohne Glanz und ohne Schatten, das unter ihrem Schleier ihre von Tränen verbrannten Augenlider, ihre perlmuttfarbenen Wangen und aufgerauten Lippen enthüllte, wurde ihm klar, dass er für das Fleisch dieser Frau ein tiefes und tiefes Gefühl empfand geheimnisvolle Neigung.

Er stellte sie nicht in Frage. Sie tauschten nur zärtliche, triviale Phrasen aus. Und da sie sehr hungrig war, lud er sie zum Mittagessen in ein bekanntes *Kabarett* ein, dessen Name in goldenen Buchstaben an einem der alten Häuser auf dem Platz prangte. Ihre Mahlzeit wurde ihnen im Wintergarten serviert, dessen Steingarten, Brunnen und einsamer Baum durch in ein grünes Gitter eingerahmte Spiegel vervielfacht wurden. Als sie am Tisch saßen und die Speisekarte berieten, unterhielten sie sich weniger zurückhaltend als bisher. Er erzählte ihr, dass die Gefühle und Sorgen der letzten drei Tage seine Nerven strapaziert hätten, er aber nicht mehr darüber nachdenke und es absurd wäre, sich noch weiter darüber Gedanken zu machen. Sie sprach mit ihm über ihren Gesundheitszustand und beklagte sich darüber, dass sie außer einem unruhigen Schlaf voller Träume nicht schlafen könne. Aber sie erzählte ihm nicht, was sie in diesen Träumen sah, und sie vermied es, über den Toten zu sprechen. Er fragte sie, ob sie nicht einen anstrengenden

Morgen verbracht habe und warum sie zum Friedhof gegangen sei, eine nutzlose Angelegenheit.

Unfähig, ihm die Tiefen ihrer Seele zu erklären, unterwarf sie sich Riten, Versöhnungszeremonien und Beschwörungsformeln und schüttelte den Kopf, als wollte sie sagen:

"Musste."

Während diejenigen, die an den Nebentischen zu Mittag aßen, ihre Mahlzeit beendeten, unterhielten sie sich lange, beide in gedämpfter Stimme, während sie darauf warteten, bedient zu werden.

Robert hatte sich geschworen, ja sogar geschworen, Félicie niemals Vorwürfe zu machen, dass sie Chevalier als ihren Liebhaber gehabt hatte, oder ihr in diesem Zusammenhang auch nur eine einzige Frage zu stellen. Und doch sagte er, bewegt von einem obskuren Groll, von einem Aufwallung schlechter Laune oder natürlicher Neugier, und auch weil er sie zu sehr liebte, um sich zu beherrschen, mit Bitterkeit in der Stimme zu ihr:

„Früher hatten Sie ein intimes Verhältnis zu ihm."

Sie schwieg und leugnete die Tatsache nicht. Nicht, dass sie das Gefühl hatte, es sei von nun an sinnlos zu lügen. Im Gegenteil, sie hatte die Gewohnheit, die offensichtliche Wahrheit zu leugnen, und sie hatte natürlich zu viel Wissen über Männer, um die Tatsache zu ignorieren, dass es in der Liebe keine Lüge gibt, wie ungeschickt sie auch sein mag, die sie nicht glauben können, wenn sie es wollen. Aber bei dieser Gelegenheit verzichtete sie entgegen ihrer Natur und Gewohnheit darauf zu lügen. Sie hatte Angst, den Toten zu beleidigen. Sie stellte sich vor, dass sie ihm Unrecht tun würde, wenn sie ihn leugnete, ihm seinen Anteil vorenthalten und ihn erzürnen würde. Sie schwieg, weil sie fürchtete, ihn mit seinem starren Lächeln und dem Loch in seinem Kopf kommen und seine Ellbogen auf den Tisch stützen zu sehen und ihn mit seiner klagenden Stimme sagen zu hören: „Félicie, du hast doch sicher nicht unser kleines Zimmer in der Rue des Martyrs vergessen?"

Was er seit seinem Tod für sie geworden war, hätte sie nicht sagen können, so fremd war es ihrem Glauben, so widersprüchlich zu ihrer Vernunft und so antiquiert, lächerlich und veraltet schienen die Worte, die ihre Gefühle ausgedrückt hätten ihr. Aber aus einem fernen, ererbten Instinkt oder, was wahrscheinlicher ist, aus bestimmten Geschichten, die sie in ihrer Kindheit gehört hatte, gelangte sie zu der verwirrenden Vorstellung, dass er zu den Toten gehörte, die in alten Zeiten die Lebenden zu quälen pflegten, und das auch waren von den Priestern exorziert; denn als sie an ihn dachte, begann sie instinktiv das Kreuzzeichen zu machen, und sie hielt sich nur zurück, um nicht lächerlich zu wirken.

Als Ligny sie melancholisch und zerstreut sah, gab er sich selbst die Schuld an seinen harten und nutzlosen Worten, während er ihnen im selben Moment, in dem er sich selbst Vorwürfe machte, andere ebenso harte und ebenso nutzlose Worte folgte.

„Und doch hast du mir gesagt, dass es nicht wahr ist!"

Sie antwortete inbrünstig:

„Weil ich wollte, dass es nicht wahr ist."

Sie hat hinzugefügt:

„Oh mein Liebling, seit ich dir gehöre, schwöre ich dir, dass ich niemand anderem gehört habe. Ich beanspruche dafür keinen Verdienst; ich hätte es für unmöglich halten sollen."

Wie die jungen Tiere brauchte sie Fröhlichkeit. Der Wein, der in ihrem Glas wie flüssiger Bernstein glänzte, war eine Freude für ihre Augen, und sie befeuchtete ihre Zunge mit luxuriösem Vergnügen. Sie interessierte sich für die Gerichte, die vor ihr standen, und besonders für die „ *Pommes de Terre"*-*Soufflées* , die wie goldene Blasen aussahen. Als nächstes beobachtete sie die Leute, die an den Tischen im Speisesaal zu Mittag aßen, und schrieb ihnen je nach ihrem Aussehen lächerliche Meinungen oder groteske Leidenschaften zu. Sie bemerkte die bösen Blicke, die die Frauen auf sie richteten, und die Bemühungen der Männer, gutaussehend und wichtig zu wirken. Und sie äußerte eine allgemeine Überlegung:

„Robert, ist dir aufgefallen, dass Menschen niemals natürlich sind? Sie sagen nichts, weil sie es denken. Sie sagen es, weil sie denken, dass es das ist, was sie sagen sollten. Diese Angewohnheit macht sie sehr ermüdend. Und das kommt äußerst selten vor." Finde jeden, der natürlich ist. Du, du bist natürlich.

„Nun, ich glaube nicht, dass ich mich des Posierens schuldig mache."

„Du posierst wie die anderen. Aber du posierst in deinem eigenen Charakter. Ich kann perfekt erkennen, wenn du versuchst, mich zu überraschen und zu beeindrucken."

Sie sprach mit ihm über sich selbst und fragte, von einem unwillkürlichen Gedankengang an die Tragödie in Neuilly zurückgeführt,:

„Hat deine Mutter etwas zu dir gesagt?"

"NEIN."

„Dennoch muss sie es gewusst haben."

"Es ist wahrscheinlich."

„Hast du ein gutes Verhältnis zu ihr?"

"Warum ja!"

„Man sagt, sie sei immer noch sehr schön, deine Mutter, stimmt das?"

Er antwortete ihr nicht und versuchte, das Thema zu ändern. Er mochte es nicht, wenn Félicie mit ihm über seine Mutter sprach oder ihre Aufmerksamkeit auf seine Familie richtete. Monsieur und Madame de Ligny genossen in der Pariser Gesellschaft höchstes Ansehen. Monsieur de Ligny, von Geburt und Beruf Diplomat, war an sich eine Person, die höchste Wertschätzung verdiente. Er war es schon vor seiner Geburt, aufgrund der diplomatischen Dienste, die seine Vorfahren Frankreich erwiesen hatten. Sein Urgroßvater hatte die Übergabe von Pondicherry an England unterzeichnet. Madame de Ligny lebte mit ihrem Mann in den anständigsten Verhältnissen. Aber obwohl sie kein eigenes Geld hatte, lebte sie in großem Luxus, und ihre Kleider waren eine der größten Prachtstücke Frankreichs. Sie empfing vertrauliche Besuche von einem ehemaligen Botschafter. Sein Alter, seine Stellung, seine Ansichten, seine Titel und sein großes Vermögen machten die Verbindung respektabel. Madame de Ligny hielt die Damen der Republik auf Abstand und erteilte ihnen, wenn ihr danach war, Unterricht in Anstand. Sie hatte nichts von der Meinung der vornehmen Welt zu befürchten. Robert wusste, dass sie von den Leuten in der Gesellschaft mit Respekt betrachtet wurde. Aber er fürchtete ständig, dass Felicie, wenn sie von ihr sprach, dies nicht mit der nötigen Zurückhaltung tun könnte. Er fürchtete, dass sie, da sie nicht in der Gesellschaft war, Dinge sagen könnte, die besser ungesagt geblieben wären. Er irrte sich; Felicie wusste nichts über das Privatleben von Madame de Ligny; und hätte sie es gewusst, hätte sie es ihr nicht verdenken können. Die Dame flößte ihr eine naive Neugier und eine mit Furcht vermischte Bewunderung ein. Da ihr Geliebter nicht bereit war, mit ihr über seine Mutter zu sprechen, schrieb sie seine Zurückhaltung einer gewissen aristokratischen Arroganz, ja sogar einem Mangel an Rücksicht ihr gegenüber zu, worüber der Stolz der Freien und der Plebejer in Aufruhr geriet. Sie pflegte scharf zu ihm zu sagen:

„Es steht mir völlig frei, über deine Mutter zu sprechen." Beim ersten Mal hatte sie hinzugefügt: „Meins ist genauso gut wie deins." Aber sie hatte erkannt, dass die Bemerkung vulgär war, und sie hatte sie nicht wiederholt.

Das Esszimmer war jetzt leer. Sie schaute auf ihre Uhr und sah, dass es drei Uhr war.

„Ich muss weg", sagte sie. „ *La Grille* wird heute Nachmittag geprobt. Constantin Marc sollte schon im Theater sein. Da ist noch ein seltsamer Kerl für dich! Er prahlt damit, dass er im Vivarais alle Frauen ruiniert. Ich rede nicht einmal mit Fagette und Falempin.

Sie war so müde, dass sie nicht den Mut hatte aufzustehen.

„Ist das nicht seltsam? Man sagt überall, dass ich für die Français engagiert bin, das stimmt nicht. Davon ist nicht einmal die Rede. Natürlich kann ich nicht auf unbestimmte Zeit dort bleiben, wo ich bin. Auf die Dauer eine." Ich würde mich aber nicht beeilen, eine große Rolle in *La Grille zu spielen* . Ich möchte dann nichts tun ."

Plötzlich warf sie sich mit entsetzten Augen vor sich hin, warf sich nach hinten, wurde blass und stieß einen schrillen Schrei aus. Dann flatterten ihre Augenlider und sie murmelte, dass sie nicht atmen könne.

Robert lockerte ihre Jacke und befeuchtete ihre Schläfen mit etwas Wasser.

Sie sprach.

„Ein Priester! Ich sah einen Priester. Er trug seinen Chorrock. Seine Lippen bewegten sich, aber es kam kein Ton heraus. Er sah mich an."

Er versuchte sie zu trösten.

„Komm, mein Liebling, wie kannst du annehmen, dass ein Priester, ein Priester in seinem Chorrock, sich in einem Restaurant zeigen würde?"

Sie hörte gehorsam zu und ließ sich überreden.

„Du hast recht, du hast recht, ich weiß es gut genug."

In ihrem kleinen Kopf wurden die Illusionen bald zerstreut. Sie wurde zweihundertdreißig Jahre nach dem Tod von Descartes geboren, von dem sie noch nie gehört hatte; Dennoch hatte er ihr, wie Dr. Sokrates gesagt hätte, den Gebrauch der Vernunft beigebracht.

Robert traf sie um sechs Uhr nach der Probe unter den Arkaden des Odéon und fuhr mit ihr in einem Taxi davon.

"Wohin gehen wir?" sie erkundigte sich.

Er zögerte ein wenig.

„Möchtest du nicht zu unserem Haus da draußen zurückkehren?"

Sie schrie bei dem Vorschlag auf.

„Oh nein! Ich konnte nicht! Oh mein Gott, niemals!"

Er antwortete, dass er das gedacht habe; dass er versuchen würde, etwas anderes zu finden: eine kleine Erdgeschosswohnung in Paris; dass sie sich in der Zwischenzeit, nur für heute, mit einem zufälligen Aufenthaltsort begnügen würden.

Sie blickte ihn mit starren, schweren Augen an, zog ihn heftig an sich und verbrannte seinen Hals und sein Ohr mit dem Atem ihrer Begierde. Dann lösten sich ihre Arme von ihm und sie sank niedergeschlagen und entspannt neben ihn zurück.

Als das Taxi anhielt, sagte sie:

„Du wirst mir nicht böse sein, nicht wahr, mein eigener Robert, über das, was ich sagen werde? Nicht heute – morgen."

Sie hatte es für notwendig erachtet, den eifersüchtigen Toten dieses Opfer zu bringen.

KAPITEL XII

Am nächsten Tag brachte er sie in ein möbliertes, alltägliches, aber freundliches Zimmer, das er im ersten Stock eines Hauses mit Blick auf den Platz in der Nähe der Bibliothèque Nationale ausgewählt hatte. In der Mitte des Platzes stand das Becken eines Brunnens, getragen von lustvollen Nymphen. Die von Lorbeer und Spindelsträuchern gesäumten Wege waren verlassen, und von diesem wenig besuchten Ort aus hörte man das weite und beruhigende Summen der Stadt. Die Probe war sehr spät zu Ende gegangen. Als sie den Raum betraten, begann die Nacht, die in dieser Jahreszeit des schmelzenden Schnees schon langsamer Einzug hielt, ihre Düsterkeit über die Vorhänge zu werfen. Die großen Spiegel des Kleiderschranks und des Kaminsimses füllten sich mit vagen Lichtern und Schatten. Sie zog ihren Pelzmantel aus, schaute durch das Fenster zwischen den Vorhängen und sagte:

„Robert, die Stufen sind nass.“

Er antwortete, dass es keine Treppe gebe, sondern nur den Bürgersteig und die Straße und dann noch einen Bürgersteig und das Geländer des Platzes.

„Sie sind Pariser, Sie kennen diesen Platz gut. In der Mitte, zwischen den Bäumen, befindet sich ein monumentaler Brunnen mit riesigen Frauen, deren Brüste nicht so hübsch sind wie Ihre.“

In seiner Ungeduld half er ihr, ihr Stoffkleid zu öffnen; aber er konnte die Haken nicht finden und kratzte sich mit den Nadeln.

„Ich bin ungeschickt“, sagte er.

Sie erwiderte lachend:

„Sie sind sicherlich nicht so schlau wie Madame Michon! Es ist nicht so sehr ungeschickt, aber Sie haben Angst, gestochen zu werden. Männer sind eine feige Rasse. Was Frauen betrifft, müssen sie sich daran gewöhnen, zu leiden. Es ist wahr: eine Frau zu sein.“ ist, fast immer kränklich zu sein.

Er bemerkte nicht, dass sie blass war und dunkle Ringe um die Augen hatte. Er begehrte sie so sehnsüchtig; er sah sie nicht mehr.

„Sie sind sehr schmerzempfindlich“, sagte er, „aber sie sind auch sehr lustempfindlich. Kennen Sie Claude Bernard?“

"NEIN."

„Er war ein großartiger Wissenschaftler. Er sagte, dass er nicht zögerte, die Vormachtstellung der Frau im Bereich der körperlichen und moralischen Sensibilität anzuerkennen.“

Nantueil; Sie hakte ihre Stiefmütterchen aus und antwortete:

„Wenn er damit meinte, dass alle Frauen empfindlich sind, war er in der Tat ein alter Neuling. Er hätte Fagette sehen sollen; er hätte bald herausgefunden, ob es leicht war, auf dem Gebiet etwas aus ihr herauszuholen – wie drückte er es aus? ? – der körperlichen und moralischen Sensibilität.“

Und sie fügte mit sanftem Stolz hinzu:

„Machen Sie keinen Fehler, Robert, es gibt nicht so viele Frauen wie mich.“

Als er sie in seine Arme zog, ließ sie sich los.

„Du behinderst mich.“

Sie setzte sich, krümmte sich, um ihre Stiefel auszuziehen, und fuhr fort.

„Wissen Sie, Dr. Sokrates erzählte mir neulich, dass er eine Erscheinung gesehen hatte. Er sah einen Eseljungen, der ein kleines Mädchen ermordet hatte. Ich habe letzte Nacht von der Geschichte geträumt, nur in meinem Traum konnte ich es nicht verstehen Ob der Eseljunge ein Mann oder eine Frau war. Apropos Dr. Sokrates, raten Sie mal, wessen Liebhaber er ist – die Dame, die die Leihbücherei in der Rue Mazarine führt nicht mehr sehr jung, aber sie ist sehr intelligent. Glaubst du, dass er ihr treu ist?

Und sie erzählte ihm weiter eine Geschichte über das Theater:

„Ich glaube wirklich nicht, dass ich noch lange im Odéon bleiben werde.“

"Warum?"

„Du wirst sehen. Pradel sagte heute vor der Probe zu mir: ‚Mein lieber kleiner Nanteuil, es hat nie etwas zwischen uns gegeben. Es ist lächerlich.‘ Er war äußerst anständig, aber er gab mir zu verstehen, dass wir uns gegenseitig in einer falschen Position befanden, die nicht ewig so weitergehen konnte. Sie müssen wissen, dass Pradel früher eine Regel aufgestellt hat Er hatte Favoriten, und das hat für eine bessere Verwaltung des Theaters zu einem Aufschrei geführt. Er nimmt sie alle an, auch diejenigen , die ihm nicht gefallen. Es gibt keine Favoriten mehr läuft großartig. Ah, er ist durch und durch ein Regisseur, ist Pradel!“

Während Robert im Bett schweigend zuhörte, ging sie zu ihm und schüttelte ihn:

„Dann ist es dir egal, ob ich mit Pradel weitermache?“

„Nein, meine Liebe, mir wäre das egal. Aber nichts, was ich sagen könnte, würde es verhindern."

Sie beugte sich über ihn und streichelte ihn leidenschaftlich, wobei sie vorgab, ihn zu bedrohen und zu bestrafen. Und sie rief:

„Dann liebst du mich nicht wirklich, also bist du nicht eifersüchtig. Ich bestehe darauf, dass du eifersüchtig bist."

Dann entfernte sie sich plötzlich von ihm, warf ihr Hemd, das ihr unter die rechte Brust gerutscht war, über die linke Schulter, blieb vor dem Toilettentisch stehen und fragte unbehaglich:

„Robert, hast du nichts aus dem anderen Zimmer hierher gebracht?"

"Nichts."

Daraufhin schlüpfte sie leise und schüchtern ins Bett. Doch kaum hatte sie sich hingelegt, erhob sie sich von dem Kissen auf ihrem Ellbogen, reckte den Hals und lauschte mit geöffneten Lippen. Es war ihr, als hörte sie leise Schritte auf dem Kiesweg, die sie schon im Haus am Boulevard de Villiers gehört hatte. Sie lief zum Fenster; sie sah den Judasbaum, den Rasen, das Gartentor. Da sie wusste, was sie noch sehen würde, versuchte sie, ihr Gesicht in den Händen zu verbergen, doch sie konnte die Arme nicht heben, und Chevaliers Gesicht tauchte vor ihr auf.

KAPITEL XIII

Er war mit glühendem Fieber nach Hause zurückgekehrt. Robert hatte sich nach dem Abendessen *im Kreise der Familie* auf seine Dachkammer zurückgezogen. Seine Nerven lagen am Ende und er war wegen der Art und Weise, wie Nanteuil ihn verlassen hatte, völlig außer sich.

Sein Hemd und seine Kleidung, die sein Diener auf dem Bett ausgebreitet hatte, schienen in häuslicher und unterwürfiger Haltung auf ihn zu warten. Er begann sich mit einer etwas schlecht gelaunten Schnelligkeit anzuziehen. Er konnte es kaum erwarten, das Haus zu verlassen. Er öffnete sein rundes Fenster, lauschte dem Rauschen der Stadt und sah über den Dächern den Glanz, der von der Stadt Paris in den Himmel stieg. Er roch aus der Ferne all das verliebte Fleisch, das sich in dieser Winternacht in den Theatern und den großen *Kabaretts* , den Café-Konzerten und den Bars versammelt hatte.

Verärgert darüber, dass Félicie seine Wünsche ablehnte, hatte er beschlossen, sie anderswo zu befriedigen, und da er sich keiner Präferenz bewusst war, glaubte er, dass seine einzige Schwierigkeit darin bestehen würde, eine Wahl zu treffen; aber er erkannte bald, dass er kein Verlangen nach einer der Frauen aus seinem Bekanntenkreis verspürte, noch verspürte er überhaupt ein Verlangen nach einer unbekannten Frau. Er schloss sein Fenster und setzte sich vor das Feuer.

Es war ein Koksfeuer; Madame de Ligny, die Umhänge trug, die tausend Pfund kosteten, pflegte, in puncto Tisch und Feuer zu sparen. Sie ließ nicht zu, dass in ihrem Haus Holz verbrannt wurde.

Er dachte über seine eigenen Angelegenheiten nach, über die er bisher kaum oder gar nicht nachgedacht hatte; über die Karriere, die er eingeschlagen hatte und die er dunkel vor sich sah. Der Minister war ein großer Freund seiner Familie. Ein Bergsteiger der Cevennen, aufgewachsen mit Kastanien, blinzelte mit strahlenden Augen auf die blumengeschmückten Tische von Paris. Er war zu schlau und zu listig, um seinen Vorteil gegenüber der alten Aristokratie, die ihn in ihrem Schoß willkommen hieß, nicht zu behalten: den Vorteil harter Launen und arroganter Weigerungen. Ligny kannte ihn und erwartete von ihm keine Gefälligkeiten. In dieser Hinsicht war er scharfsinniger als seine Mutter, die sich eine gewisse Macht über den dunklen, haarigen kleinen Mann zutraute, den sie jeden Donnerstag auf dem Weg vom Salon zum Esstisch in ihre majestätischen Röcke hüllte. Er hielt ihn für unhöflich. Und dann war etwas zwischen ihnen schiefgelaufen. Wie es das Unglück wollte, war Robert seinem Minister in seiner Vertrautheit mit einer Dame zuvorgekommen, die dieser bis zur Absurdität liebte: Madame de Neuilles, eine Frau von leichter Tugend. Und es schien ihm, dass der haarige kleine Mann es ahnte und ihn mit einem unfreundlichen Blick betrachtete. Und schließlich war ihm am Quai d'Orsay die Vorstellung gewachsen, dass Minister weder in der Lage noch in der Lage sind, viel zu tun. Aber er übertrieb nicht und hielt es für durchaus möglich, dass er einen kleinen Sekretärsposten erhalten würde. Das war bisher sein Wunsch gewesen. Es lag ihm am Herzen, Paris nicht zu verlassen. Seine Mutter hingegen hätte es vorgezogen, wenn er nach Den Haag geschickt worden wäre, wo eine Stelle als dritte Sekretärin vakant war. Nun entschied er sich plötzlich für Den Haag. „Ich gehe", sagte er. "Je früher desto besser." Nachdem er sich entschieden hatte, überprüfte er seine Gründe. Erstens wäre es eine hervorragende Sache für seine zukünftige Karriere. Auch hier war der Beitrag in Den Haag angenehm. Ein Freund von ihm, der es innehatte, hatte sich über die entzückende Heuchelei der verschlafenen kleinen Hauptstadt lustig gemacht, wo alles zum Wohle des Diplomatischen Korps geplant und „gefälscht" wurde. Er überlegte auch, dass Den Haag die erhabene Wiege eines neuen internationalen Rechts sei, und führte schließlich sogar das Argument an, dass er seiner Mutter eine Freude bereiten würde. Dann wurde ihm klar, dass er nur wegen Félicie das Haus verlassen wollte.

Seine Gedanken an sie waren nicht wohlwollend. Er wusste, dass sie verlogen, ängstlich und eine bösartige Freundin war. Er hatte Beweise dafür, dass sie dazu neigte, sich in Schauspieler der untersten Kategorie zu verlieben, oder dass sie sich zumindest mit ihnen abgab. Er war sich nicht sicher, ob sie ihn nicht betrog, nicht, dass er in dem Leben, das sie führte, etwas Verdächtiges entdeckt hatte, sondern weil er allen Frauen gegenüber misstrauisch war. Er beschwor in seinem Geist all das Böse herauf, das er von ihr kannte, und redete sich ein, dass sie eine kleine Jade war, und da er sich bewusst war, dass er sie liebte, glaubte er, dass er sie nur wegen ihrer extremen Schönheit liebte. Dieser Grund erschien ihm vernünftig; aber als er es analysierte, stellte er fest, dass es nichts erklärte; dass er das Mädchen nicht liebte, weil sie überaus hübsch war, sondern weil sie auf eine ganz eigene, ungewöhnliche Weise hübsch war; dass er sie für das liebte, was an ihr unvergleichlich und selten war; Denn mit einem Wort: Sie war ein wunderbares Ding der Kunst und der Wollust, ein lebendes Juwel von unschätzbarem Wert. Daraufhin wurde ihm klar, wie schwach er war, und er weinte und trauerte über seine verlorene Freiheit, seinen gefangenen Geist, seine verwirrte Seele und die Hingabe seines Fleisches und Blutes an ein schwaches, perfides kleines Geschöpf.

Er hatte sich beim Anblick des Koksfeuers hinter den Gitterstäben die Augen verbrannt. Er schloss sie vor Schmerz und sah unter seinen geschlossenen Augen, wie Neger in einem obszönen und blutigen Aufruhr vor ihm hersprangen. Während er versuchte, sich daran zu erinnern, aus welchem Reisebuch, das er in seiner Kindheit gelesen hatte, diese Schwarzen auftauchten, sah er, wie sie kleiner wurden, sich in unmerkliche Flecken auflösten und in einem roten Afrika verschwanden, das nach und nach die Wunde darstellte, die das Licht sah eines Spiels in der Nacht des Selbstmordes. Er dachte nach.

„Dieser Idiot von einem Chevalier! Ich habe kaum an den Kerl gedacht!"

Plötzlich, vor diesem Hintergrund aus Blut und Flammen; erschien die schlanke Gestalt von Félicie, und er spürte, wie in ihm ein heißes, grausames Verlangen lauerte.

KAPITEL XIV

Am nächsten Tag besuchte er sie in der kleinen Wohnung am Boulevard Saint-Michel . Er hatte nicht die Angewohnheit, dorthin zu gehen. Es lag ihm nicht besonders daran, Madame Nanteuil kennenzulernen; sie langweilte ihn und brachte ihn in Verlegenheit, obwohl sie äußerst höflich zu ihm war, sogar unterwürfig.

Sie war es, die ihn im kleinen Salon empfing. Sie dankte ihm für sein Interesse an Félicies Gesundheit und teilte ihm mit, dass sie in der Nacht zuvor unruhig und unwohl gewesen sei, sich aber jetzt besser fühle.

„Sie ist in ihrem Schlafzimmer und arbeitet an ihrer Arbeit. Ich werde ihr sagen, dass Sie hier sind. Sie wird sich sehr freuen, Sie zu sehen, Monsieur de Ligny. Sie weiß, dass Sie sie sehr mögen. Und wahre Freunde sind selten, vor allem in der Theaterwelt."

Robert beobachtete Madame Nanteuil mit einer Aufmerksamkeit, die er ihr bisher nicht entgegengebracht hatte. Er versuchte, in ihrem Gesicht das Gesicht zu sehen, das in den kommenden Jahren das ihrer Tochter sein würde. Beim Spaziergang auf der Straße las er gern in den Gesichtern der Mütter die Liebesgeschichten der Töchter ab. Und bei dieser Gelegenheit entschlüsselte er eifrig die Gesichtszüge und die Figur dieser Frau als interessante Prophezeiung. Er entdeckte weder ein schlechtes noch ein gutes Vorzeichen. Madame Nanteuil, rundlich, frischer Teint, kühle Haut, war mit der sinnlichen Fülle ihrer Konturen nicht unattraktiv. Aber ihre Tochter ähnelte ihr überhaupt nicht.

Als er sie so gefasst und gelassen sah, sagte er zu ihr:

„Sie selbst haben kein nervöses Temperament?"

„Ich war nie nervös. Meine Tochter kommt nicht nach mir. Sie ist das lebendige Abbild ihres Vaters. Er war zart, obwohl sein Gesundheitszustand nicht schlecht war. Er starb an einem Sturz vom Pferd. Du wirst eine Tasse nehmen." Tee, nicht wahr, Monsieur de Ligny?"

Félicie betrat den Raum. Ihr Haar war auf ihren Schultern ausgebreitet; Sie war in einen weißen wollenen Morgenmantel gehüllt, der in der Taille von einem schweren bestickten Gürtel sehr locker gehalten wurde, und sie schlurfte in roten Pantoffeln dahin; sie sah aus wie ein bloßes Kind. Der Freund des Hauses, Tony Meyer, der Bilderhändler, pflegte, als er sie in diesem etwas mönchisch aussehenden Gewand sah, sie Bruder Ange de Charolais zu nennen, weil er in ihr eine Ähnlichkeit mit einem Porträt entdeckt hatte von Nattier, das Mademoiselle de Charolais im franziskanischen Gewand darstellte. Vor diesem kleinen Mädchen war Robert überrascht und still.

„Es ist nett von Ihnen", sagte sie, „dass Sie gekommen sind, um sich nach mir zu erkundigen. Mir geht es besser, danke."

„Sie arbeitet sehr hart; sie arbeitet zu hart", sagte Madame Nanteuil. „Ihre Rolle in *La Grille* ermüdet sie."

„Oh nein, Mutter."

Sie sprachen vom Theater, und das Gespräch verstummte.

Während einer Schweigeminute fragte Madame Nanteuil Monsieur de Ligny, ob er noch alte Modedrucke sammle.

Félicie und Robert sahen sie verständnislos an. Sie hatten ihr vor kurzem eine Geschichte über gravierte Modebilder erzählt, um die Begegnungen zu erklären, die sie nicht hatten verbergen können. Aber sie hatten die Tatsache völlig vergessen. Seitdem war ihnen, wie ein alter Autor sagte, ein Stück Mond ins Herz gewachsen; nur Madame Nanteuil, die die Romane sehr schätzte, erinnerte sich daran.

„Meine Tochter hat mir erzählt, dass Sie eine große Anzahl dieser alten Kupferstiche besitzen und dass sie darin immer Ideen für ihre Kostüme fand."

„Ganz recht, Madame, ganz recht."

„Kommen Sie her, Monsieur de Ligny", sagte Félicie. „Ich möchte Ihnen einen Kostümentwurf für die Rolle der Cécile de Rochemaure zeigen."

Und sie trug ihn in ihr Zimmer.

Es war ein kleiner Raum, der mit geblümtem Papier geschmückt war; Die Möbel bestanden aus einem Kleiderschrank mit Spiegel, ein paar mit Rosshaar gepolsterten Stühlen und einem eisernen Bettgestell; mit weißer Tagesdecke; Darüber befanden sich eine Schale für Weihwasser und ein Zweig Buchsbaum.

Sie gab ihm einen langen Kuss auf den Mund.

„Ich liebe dich, weißt du?"

"Ziemlich sicher?"

„Oh ja! Und du?"

„Ich auch, ich liebe dich. Ich hätte nicht geglaubt, dass ich dich so lieben könnte!"

„Dann kam es hinterher."

„Es kommt immer danach."

„Das stimmt, was du gerade gesagt hast, Robert. Vorher – man weiß es nicht."

Sie schüttelte den Kopf.

„Ich war gestern sehr krank."

„Hast du Trublet gesehen? Was hat er gesagt?"

„Er sagte mir, dass ich Ruhe und Ruhe brauche. Mein Schatz, wir müssen noch zwei Wochen vernünftig sein. Macht es dir etwas aus?"

"Ich tue."

„Ich auch. Aber was hättest du?"

Er schlenderte zwei- oder dreimal durch den Raum und schaute in jede Ecke. Sie beobachtete ihn mit einer gewissen Unruhe und fürchtete, er könnte ihr Fragen zu ihren armen Juwelen und ihren billigen Schmuckstücken stellen, die als Geschenke bescheiden genug waren, aber sie konnte nicht in jedem Fall erklären, wie sie dazu gekommen war, sie zu erhalten. Man kann natürlich alles sagen, was man will, aber man kann sich selbst widersprechen und in Schwierigkeiten geraten, und das lohnt sich gewiss nicht. Sie lenkte seine Aufmerksamkeit ab.

„Robert, öffne mein Handschuhfach."

„Was hast du in deinem Handschuhfach?"

„Die Veilchen, die du mir das erste Mal gegeben hast. Liebling, verlass mich nicht! Geh nicht weg. Wenn ich daran denke, dass du von einem Tag auf den anderen in ein fremdes Land, nach London, nach Konstantinopel gehen könntest, fühle ich mich verrückt."

Er tröstete sie, indem er ihr erzählte, dass man darüber nachgedacht hatte, ihn nach Den Haag zu schicken. Aber er war entschlossen, nicht zu gehen; er würde sich dem Stab des Ministers anschließen.

"Du versprichst?"

Er gab das Versprechen in aller Aufrichtigkeit. Und sie wurde ganz fröhlich.

Sie zeigte auf den kleinen Kleiderschrank mit dem Spiegel und sagte:

„Schau, Liebling, dort studiere ich meine Rolle. Als du kamst, arbeitete ich gerade an meiner vierten Szene Würde ich Romilly zuhören, würde ich sagen: „Ich habe keine Angst vor dir." Das ist der große Moment dieser Rolle. Weißt du, wie Romilly mich sagen lässt: „Ich habe keine Angst vor dir"? Jeder

Finger einzeln, in einem bestimmten Ton, mit einem besonderen Ausdruck „Ich habe keine Angst vor dir", als würde ich Marionetten zur Schau stellen. Es ist ein Wunder, dass er mich nicht bittet, auf jeden Finger einen kleinen Papierhut zu setzen! Subtil, intellektuell, nicht wahr?"

Dann hob sie ihr Haar, enthüllte ihre lebhaften Gesichtszüge und sagte:

„Ich zeige dir, wie ich es mache."

Plötzlich verwandelt, scheinbar von größerer Statur, sprach sie die Worte mit einer Miene unbefangener Würde und heiterer Unschuld:

„Nein, Sir, ich habe keine Angst vor Ihnen. Warum sollte ich Angst vor Ihnen haben? Sie wollten mich in eine Falle locken und haben sich meiner Gnade ausgeliefert. Sie sind ein Mann von Ehre. Jetzt, wo ich unter dem Schutz Ihres Daches bin, Du sollst mir sagen, was du Chevalier d'Amberre, deinem Feind, gesagt hast, als er dieses Tor betrat. Du sollst mir sagen: „Du bist in deinem eigenen Haus."

Sie hatte die geheimnisvolle Gabe, ihre Seele und ihr ganzes Gesicht zu verändern. Ligny stand im Bann dieser wunderschönen Illusion.

„Du bist großartig!"

„Hör zu, Kätzchen. Ich werde eine große Rasenhaube mit übereinander liegenden Lappen auf beiden Seiten meines Gesichts tragen. Du siehst, in dem Stück bin ich ein junges Mädchen der Revolution. Und es ist zwingend erforderlich, dass ich Ich muss die Revolution *in mir* spüren , verstehst du?"

„Bist du gut in der Revolution?"

„Natürlich bin ich das! Die Daten kenne ich zwar nicht. Aber ich habe das Gefühl dieser Zeit. Für mich bedeutet die Revolution, dass sich die Brust unter einem gekreuzten Halstuch vor Stolz schwillt und die Knie in einem gestreiften Kleid völlige Freiheit genießen." Petticoat und ein kleiner Farbtupfer auf den Wangenknochen!"

Er stellte ihr Fragen zu dem Stück und stellte fest, dass sie nichts darüber wusste. Sie musste nichts darüber wissen. Sie ahnte, sie fand instinktiv alles, was sie davon brauchte.

„Bei den Proben gebe ich ihnen nie einen Hinweis auf irgendeinen meiner Effekte, ich behalte sie alle für die Öffentlichkeit. Das wird Romilly dazu bringen, sich die Haare zu reißen. Wie dumm sie alle aussehen werden! Fagette, meine Liebe, wird sich krank machen." darüber."

Sie setzte sich auf einen kleinen wackligen Stuhl. Ihre Stirn, die noch eben so weiß wie Marmor war, war rosig; Sie hatte wieder ihren frechen Flapper-Ausdruck angenommen.

Er näherte sich ihr, blickte in das faszinierende Grau ihrer Augen und dachte, wie am Abend zuvor, als er vor seinem Koksfeuer saß, darüber nach, dass sie unaufrichtig und feige und böse gegenüber ihren Freunden war ; aber jetzt wurde der Gedanke durch Nachsicht gemildert. Er dachte darüber nach, dass sie Liebesaffären mit Schauspielern der untersten Kategorie hatte oder dass sie sich zumindest mit ihnen arrangierte; aber der Gedanke wurde von einem sanften Mitleid gemildert. Er erinnerte sich an all das Böse, das er von ihr wusste, aber ohne Bitterkeit. Er hatte das Gefühl, dass er sie liebte, weniger weil sie hübsch war, sondern weil sie auf ihre Art hübsch war; mit einem Wort, dass er sie liebte, weil sie ein Juwel voller Leben und ein unvergleichliches Ding der Kunst und Wollust war. Er blickte in das faszinierende Grau ihrer Augen, in ihre Pupillen, in denen winzige astrologische Symbole in einer leuchtenden Flut zu schweben schienen. Er blickte sie mit einem Blick an, der so forschend war, dass sie spürte, wie er sie durchdrang. Und in der Gewissheit, dass er direkt in sie hineingesehen hatte, sagte sie zu ihm, während sie ihn ansah und seinen Kopf mit ihren beiden Händen umfasste:

„Oh ja! Ich bin eine miese kleine Schauspielerin; aber ich liebe dich, und Geld ist mir völlig egal. Und es gibt nicht viele, die so gut sind wie ich. Und das weißt du gut genug.“

Kapitel XV

Sie trafen sich täglich im Theater und gingen gemeinsam spazieren.

Nanteuil spielte fast jeden Abend und arbeitete eifrig an ihrer Rolle als Cécile. Allmählich gewann sie ihren Seelenfrieden zurück; ihre Nächte waren weniger gestört; Sie zwang ihre Mutter nicht mehr, ihre Hand zu halten, während sie einschlief, und erstickte nicht mehr in Albträumen. Auf diese Weise vergingen vierzehn Tage. Dann, eines Morgens, als sie an ihrem Frisiertisch saß und sich die Haare kämmte, neigte sie ihren Kopf zum Glas, da das Wetter bewölkt war, und sie sah darin nicht ihr eigenes Gesicht, sondern das Gesicht des Toten. Aus einem Mundwinkel tropfte ein Blutfaden; er lächelte und blickte sie an.

Daraufhin beschloss sie, das zu tun, was sie für richtig und wirksam hielt. Sie nahm ein Taxi und fuhr los, um ihn zu besuchen. Als sie den Boulevard Saint-Michel entlangging, kaufte sie bei ihrem Blumenhändler einen Strauß Rosen. Sie brachte sie zu ihm. Sie kniete vor dem kleinen schwarzen Kreuz nieder, das die Stelle markierte, an die sie ihn gelegt hatten. Sie sprach mit ihm, sie flehte ihn an, vernünftig zu sein und sie in Ruhe zu lassen. Sie bat ihn um Verzeihung dafür, dass sie ihn früher mit Härte behandelt hatte. Die Menschen verstanden sich im Leben nicht immer. Aber jetzt sollte er sie verstehen und ihr vergeben. Welchen Nutzen hatte es für ihn, sie zu quälen? Sie verlangte nichts Besseres, als eine freundliche Erinnerung an ihn zu bewahren. Von Zeit zu Zeit kam sie zu ihm. Aber er muss aufhören, sie zu verfolgen und zu ängstigen.

Sie versuchte, ihm mit sanften Worten zu schmeicheln und ihn zu beruhigen.

„Ich kann verstehen, dass du dich rächen wolltest. Das war natürlich. Aber du bist im Herzen nicht böse. Sei nicht mehr böse. Mach mir keine Angst mehr. Komm nicht mehr zu mir. Ich Ich werde zu dir kommen; ich werde dir oft Blumen bringen.

Sie sehnte sich danach, ihn zu täuschen, ihn mit Lügenversprechungen zu beruhigen und zu ihm zu sagen: „Bleib, wo du bist; sei nicht länger unruhig; bleib, wo du bist, und ich schwöre dir, dass ich nie wieder etwas tun werde, was dich beleidigen könnte." ;Ich verspreche, mich deinem Willen zu unterwerfen." Aber sie wagte es nicht, über einem Grab zu liegen, und sie war sich sicher, dass es nutzlos sein würde, dass die Toten alles wüssten.

Etwas erschöpft fuhr sie noch eine Weile, etwas träge, mit ihren Gebeten und Bitten fort, und ihr wurde klar, dass sie den Schrecken, den die Gräber einst in ihr eingeflößt hatten, nicht mehr empfand; dass sie keine Angst vor dem Toten hatte. Sie suchte nach dem Grund dafür und stellte fest, dass er sie nicht erschreckte, weil er nicht da war.

Und sie sinnierte:

„Er ist nicht da; er ist nie da; er ist überall, außer dort, wo sie ihn hingelegt haben. Er ist auf den Straßen, in den Häusern, in den Zimmern."

Und sie stand verzweifelt auf und war sich sicher, dass sie ihn von nun an überall treffen würde, außer auf dem Friedhof.

Kapitel XVI

Nach vierzehntägiger Geduld drängte Ligny sie, ihren früheren Verkehr wieder aufzunehmen. Der von ihr selbst festgelegte Zeitraum war abgelaufen. Er würde nicht länger warten. Sie litt ebenso wie er darunter, dass sie sich ihm verweigerte. Aber sie fürchtete sich vor der Rückkehr des Toten. Sie fand lahme Ausreden für die Verschiebung von Terminen; Schließlich gestand sie, dass sie Angst hatte. Er verachtete sie, weil sie so wenig gesunden Menschenverstand und Mut an den Tag legte. Er hatte nicht mehr das Gefühl, dass sie ihn liebte, und er sprach hart zu ihr, aber er verfolgte sie unaufhörlich mit seinem Verlangen.

Es folgten bittere Tage und unfruchtbare Stunden. Da sie es nicht mehr wagte, in seiner Gesellschaft den Schutz eines Daches zu suchen, nahmen sie eine Droschke, und nachdem sie stundenlang durch die Außenbezirke der Stadt gefahren waren, stiegen sie in irgendeiner düsteren Allee aus und schlenderten tief durch den bitterkalten Osten Wind, der schnell geht, als würde er vom Hauch eines unsichtbaren Zorns gezüchtigt.

Einmal jedoch war das Wetter so mild, dass es sie mit seiner sanften Trägheit erfüllte. Seite an Seite schritten sie über die verlassenen Pfade des Bois de Boulogne. Die Knospen, die an den Spitzen der schlanken schwarzen Zweige zu quellen begannen, färbten die Baumwipfel violett unter dem rosigen Himmel. Zu ihrer Linken erstreckten sich die Felder, übersät mit blattlosen Baumgruppen, und die Häuser von Auteuil waren zu sehen. Langsam fahrende Coupés mit ihren älteren Passagieren krochen über die Straße, und die Ammen schoben ihre Kinderwagen. Ein Auto durchbrach mit seinem Summen die Stille des Bois.

„Gefallen dir diese Maschinen?" fragte Félicie.

„Ich finde sie praktisch, das ist alles."

Es stimmte, dass er kein Chauffeur war. Er hatte keine Vorliebe für irgendeine Art von Sport; er kümmerte sich nur um Frauen.

Sie zeigte auf ein Taxi, das gerade an ihnen vorbeigefahren war, und rief:

„Robert, hast du gesehen?"

"NEIN."

„Jeanne Perrin war mit einer Frau dabei."

Und da er eine ruhige Gleichgültigkeit an den Tag legte, fügte sie in vorwurfsvollem Ton hinzu:

„Sie sind wie Dr. Sokrates. Halten Sie so etwas für natürlich?"

Der See schlief hell und ruhig zwischen seinen düsteren Pinienwänden. Sie nahmen den Weg zu ihrer Rechten, der am Ufer entlangführte, wo die weißen Gänse und Schwäne ihre Federn putzten. Als sie sich näherten, segelte eine Flotte von Enten, die wie lebende Schiffsrümpfe wirkten und deren Hälse wie Bugs gebogen waren, auf sie zu.

Félicie sagte ihnen in bedauerndem Ton, dass sie ihnen nichts zu geben habe.

„Als ich klein war", erzählte sie weiter, „ging Papa sonntags mit mir raus, um die Tiere zu füttern Er war sehr sanftmütig und sehr klug, aber das Leben war hart für einen Offizier, der kein eigenes Geld hatte Es ging ihm wie den wohlhabenden Beamten, und dann verstand er sich nicht gut mit Mama. Er redete nicht viel, ohne zu reden Liebster, Robert, später, in ferner Zukunft, in sehr ferner Zukunft, werde ich ein kleines Haus auf dem Land haben. Und wenn du dorthin kommst, mein Geliebter, wirst du mich in einem kurzen Rock finden Ich warf meinen Hühnern Mais zu."

Er fragte sie, was sie auf die Idee gebracht habe, auf die Bühne zu gehen.

„Ich wusste sehr gut, dass ich nie einen Ehemann finden würde, da ich keine Mitgift hatte. Und was ich von meinen älteren Freundinnen sah, die in der Schneiderei oder in einem Telegrafenbüro arbeiteten, ermutigte mich nicht, ihnen zu folgen." Als ich noch ein ganz kleines Mädchen war, dachte ich, es wäre schön, am Nikolaustag in meinem Internat mitzuspielen Lerche. Die Schulleiterin sagte, ich hätte mich nicht gut verhalten, aber das lag daran, dass Mama ein ganzes Semester lang etwas schuldete. Als ich fünfzehn war, begann ich ernsthaft darüber nachzudenken, auf die Bühne zu gehen Ich habe sehr hart gearbeitet. Es ist ein Knochengeschäft, aber Erfolg bringt Ruhe.

Gegenüber dem Chalet auf der Insel fanden sie die Fähre, die am Landungssteg festgemacht hatte. Ligny sprang hinein und zog Félicie hinter sich her.

„Diese hohen Bäume sind wunderschön, auch ohne Blätter", sagte sie. „Aber ich dachte, das Chalet sei zu dieser Jahreszeit geschlossen."

Der Fährmann erzählte ihnen, dass an schönen Wintertagen Spaziergänger die Insel gerne besuchten, weil sie dort die Ruhe genießen könnten, und dass er gerade erst ein paar Damen übergesetzt hatte.

Ein Kellner, der inmitten der Einsamkeit der Insel lebte, brachte ihnen Tee in einem rustikalen Wohnzimmer, das mit ein paar Stühlen, einem Tisch, einem Klavier und einem Sofa ausgestattet war. Die Täfelung war schimmelig, die Dielen des Bodenbelags hatten begonnen. Félicie blickte aus dem Fenster auf den Rasen und die hohen Bäume.

„Was ist das“, fragte sie, „dieser große dunkle Ball auf der Pappel?“

„Das ist Mistel, mein Haustier.“

„Man könnte meinen, es sei ein Tier, das um den Ast herumgerollt ist und daran nagt. Das ist nicht schön anzusehen.“

Sie legte ihren Kopf auf die Schulter ihres Geliebten und sagte in trägem Ton:

"Ich liebe dich."

Er zog sie auf das Sofa. Sie spürte, wie er zu ihren Füßen kniete, seine vor Ungeduld unbeholfenen Hände über sie glitten, und sie ertrug seine Versuche, träge, entmutigt, in der Ahnung, dass es nutzlos war. Ihre Ohren klingelten wie eine kleine Glocke. Das Klingeln verstummte, und sie hörte; Zu ihrer Rechten sagt eine seltsame, klare, eisige Stimme. „Ich verbiete euch, zueinander zu gehören.“ Es schien ihr, als spräche die Stimme im Schein des Lichts von oben, doch sie wagte nicht, den Kopf zu drehen. Es war eine unbekannte Stimme. Unwillkürlich und wider Willen versuchte sie, sich an seine Stimme zu erinnern, und ihr wurde klar, dass sie den Klang vergessen hatte und dass sie sich nie wieder daran erinnern konnte. Der Gedanke kam ihr: „Vielleicht ist das die Stimme, die er jetzt hat.“ Voller Angst schob sie sich schnell den Rock über die Knie. Aber sie unterdrückte den Schrei und sprach nicht über das, was sie gerade gehört hatte, aus Angst, man könnte sie für eine Verrückte halten, und weil ihr irgendwie klar wurde, dass es nicht real war.

Ligny zog sich von ihr zurück.

„Wenn du nichts mehr mit mir zu tun haben willst, sag es ehrlich. Ich werde dich nicht mit Gewalt nehmen.“

Aufrecht sitzend, die Knie aneinandergepresst, sagte sie zu ihm:

„Immer wenn wir in einer Menschenmenge sind, solange Menschen um uns sind, will ich dich, ich sehne mich nach dir, aber sobald wir alleine sind, habe ich Angst.“

Er antwortete mit einem billigen, boshaften Grinsen:

„Ah, wenn Sie ein Publikum brauchen, das Sie stimuliert!“

Sie stand auf und kehrte zum Fenster zurück. Eine Träne lief ihr über die Wange. Sie weinte einige Zeit schweigend. Plötzlich rief sie ihm zu:

"Schau da!"

Sie zeigte auf Jeanne Perrin, die mit einer jungen Frau über den Rasen spazierte. Jeder hatte einen Arm um die Taille des anderen gelegt; Sie gaben einander Veilchen zum Riechen und lächelten.

„Sehen Sie! Diese Frau ist glücklich; ihr Geist ist beruhigt.“

Und Jeanne Perrin, die den Frieden längst etablierter Gewohnheiten schmeckte, schlenderte zufrieden und gelassen weiter, ohne auch nur den geringsten Stolz auf ihre seltsame Vorliebe zu verraten.

Félicie beobachtete sie mit einem Interesse, das sie sich nicht eingestand, und beneidete sie um ihre Gelassenheit.

„Sie hat keine Angst, diese Frau.“

„Lasst sie in Ruhe! Was schadet sie uns?“

Und er packte sie heftig an der Taille. Mit einem Schauder befreite sie sich. Am Ende verlor er, enttäuscht, frustriert und gedemütigt, die Beherrschung, nannte sie eine dumme Narrin und schwor, dass er ihre lächerliche Art, ihn zu behandeln, nicht länger ertragen würde.

Sie gab keine Antwort und begann erneut zu weinen.

Verärgert über ihre Tränen sagte er ihr barsch:

„Da du mir nicht mehr geben kannst, worum ich dich bitte, ist es sinnlos, dass wir uns noch einmal treffen. Mehr gibt es zwischen uns nicht zu sagen. Außerdem sehe ich, dass du aufgehört hast, mich zu lieben. Und du würdest zugeben, Wenn Sie einmal die Wahrheit sagen könnten, dass Sie nie jemanden außer diesem elenden zweitklassigen Schauspieler geliebt haben.

Dann explodierte ihre Wut und sie stöhnte verzweifelt:

„Lügner! Lügner! Das ist eine abscheuliche Aussage. Du siehst, ich weine, und du willst, dass ich noch mehr leide. Du nutzt die Tatsache aus, dass ich dich liebe, um mich unglücklich zu machen. Das ist feige. Na ja, nein, dann.“ , Ich liebe dich nicht mehr! Ich will dich nicht wiedersehen. wild miteinander, voller Verzweiflung und Wut? Es ist nicht meine Schuld – ich kann mir nicht vergeben, Liebling, ich liebe dich, ich will dich nur vertreiben Wenn du ein Mann bist, weißt du, was zu tun ist. Du hast ihn getötet, nicht ich. Dann warst du es – Oh Gott, ich werde verrückt.

Am folgenden Tag beantragte Ligny die Entsendung als Dritter Sekretär nach Den Haag. Eine Woche später wurde er ernannt und reiste sofort ab, ohne Félicie noch einmal gesehen zu haben.

Kapitel XVII

Frau Nanteuil dachte nur an das Wohlergehen ihrer Tochter. Ihre Liaison mit Tony Meyers, dem Bilderhändler in der Rue de Clichy, hinterließ ihr viel Muße und ein unbeschäftigtes Herz. Sie traf im Theater einen Monsieur Bondois, einen Hersteller elektrischer Geräte; Er war noch jung, seinem Fach überlegen und äußerst wohlerzogen. Er war mit einem verliebten Temperament und einem schüchternen Wesen gesegnet, und da ihm junge und schöne Frauen Angst machten, hatte er sich daran gewöhnt, nur Frauen zu begehren, die nicht jung und schön waren. Madame Nanteuil war immer noch eine sehr angenehme Frau. Aber eines Nachts, als sie schlecht gekleidet war und nicht besonders gut aussah; er machte ihr das Angebot seiner Zuneigung. Sie akzeptierte ihn als eine Art Hilfe im Haushalt, damit es ihrer Tochter an nichts mangelte. Ihre Hingabe brachte ihr Glück. Monsieur Bondois liebte sie und machte ihr leidenschaftlich den Hof. Das überraschte sie zunächst; dann brachte es ihr Glück und Seelenfrieden; Es schien ihr natürlich und gut, geliebt zu werden, und sie konnte nicht glauben, dass ihre Zeit für die Liebe vorbei war, als sie den Beweis des Gegenteils erhielt.

Sie hatte immer ein freundliches Wesen, einen lockeren Charakter und ein ausgeglichenes Temperament gezeigt. Aber noch nie hatte sie in ihrem Zuhause einen so glücklichen Geist und eine so gnädige Rücksichtnahme gezeigt. Freundlich zu anderen und zu sich selbst, immer im Laufe der wechselvollen Stunden das Lächeln bewahrend, das ihre schönen Zähne enthüllte und die Grübchen in ihre dicken Wangen brachte, dankbar für das Leben für das, was es ihr gab, erblühte, sich ausdehnte, überströmte, Sie war die Freude und die Jugend des Hauses.

Während Madame Nanteuil helle und fröhliche Ideen ersann und zum Ausdruck brachte, wurde Félicie schnell düster, unruhig und mürrisch. In ihrem hübschen Gesicht zeichneten sich Falten ab; Ihre Stimme nahm einen schrillen Klang an. Sie hatte sofort erkannt, welche Stellung Monsieur Bondois im Haushalt einnahm und ob es ihr lieber gewesen wäre, wenn ihre Mutter für sie allein gelebt hätte, ob ihre kindliche Frömmigkeit gelitten hatte, weil sie gezwungen war, sie weniger zu respektieren, und ob sie sie beneidet hatte Glück, oder ob sie nur die Not empfand, die uns Liebesbeziehungen bereiten, wenn wir in zu engen Kontakt mit ihnen kommen, machte Félicie, besonders zu den Mahlzeiten und jeden Tag, Madame Nanteuil in sehr pointierten Anspielungen und in bitteren Vorwürfen Begriffe, die in Bezug auf diesen neuen „Freund der Familie" nicht genau verschleiert wurden; und gegenüber Monsieur Bondois selbst zeigte sie, wann immer sie ihn traf, einen deutlichen Abscheu und eine unverhohlene Abneigung. Madame Nanteuil war darüber nur mäßig betrübt und entschuldigte ihre Tochter mit dem Hinweis, dass das junge Mädchen noch keine Lebenserfahrung habe. Und

Monsieur Bondois, den Félicie mit übermenschlichem Schrecken erfüllte, bemühte sich, sie durch Zeichen des Respekts und unbedeutende Geschenke zu besänftigen.

Sie war gewalttätig, weil sie litt. Die Briefe, die sie aus Den Haag erhielt, entfachten ihre Liebe, so dass es ihr schmerzte. Sie wurde Opfer verzehrender Visionen und schmachtete dahin. Als sie ihre abwesende Freundin zu deutlich sah, pochten ihre Schläfen, ihr Herz schlug heftig und ein dichter werdender Schatten verdunkelte ihren Geist. Die ganze Sensibilität ihrer Nerven, die ganze Wärme ihres Blutes, alle Kräfte ihres Wesens durchströmten sie, sanken nach unten und verschmolzen in der Begierde bis in die Tiefen ihres Fleisches. In solchen Momenten hatte sie keinen anderen Gedanken, als Ligny zu retten. Sie wollte Ligny, nur Ligny, und sie selbst wunderte sich über den Ekel, den sie allen anderen Männern gegenüber empfand. Denn ihre Instinkte waren nicht immer so exklusiv gewesen. Sie sagte sich, sie würde sofort zu Bondois gehen, ihn um Geld bitten und mit dem Zug nach Den Haag fahren. Und sie hat es nicht getan. Was sie abschreckte, war nicht so sehr der Gedanke, ihrem Geliebten zu missfallen, der eine solche Reise als schlechtes Benehmen angesehen hätte, sondern vielmehr die vage Angst, den schlummernden Schatten zu erwecken.

Das hatte sie seit Lignys Weggang nicht mehr gesehen. Aber in ihr und um sie herum geschahen beunruhigende Dinge. Auf der Straße wurde sie von einem Wasserspaniel verfolgt, der sie ansprach und plötzlich verschwand. Eines Morgens, als sie im Bett lag, sagte ihre Mutter zu ihr: „Ich gehe zur Schneiderin" und ging hinaus. Zwei oder drei Minuten später sah Félicie, wie sie ins Zimmer zurückkam, als hätte sie etwas vergessen. Aber die Erscheinung näherte sich ihr, ohne sie anzusehen, ohne ein Wort, ohne Laute, und verschwand, als sie das Bett berührte.

Sie hatte noch beunruhigendere Illusionen. Eines Sonntags spielte sie in einer Matinée von *Athalie* die Rolle des jungen Zacharias. Da sie sehr schöne Beine hatte, empfand sie die Verkleidung nicht als unangenehm; Sie war auch froh, zeigen zu können, dass sie wusste, wie Verse gesprochen werden sollten. Aber sie bemerkte, dass im Orchesterstuhl ein Priester stand, der seine Soutane trug. Es war nicht das erste Mal, dass ein Geistlicher einer Nachmittagsaufführung dieser Tragödie aus der Heiligen Schrift beiwohnte. Dennoch machte es einen unangenehmen Eindruck auf sie. Als sie die Bühne betrat, sah sie deutlich Louise Dalle, die den Turban von Jehoshabeath trug; Laden eines Revolvers vor der Souffleure-Box. Sie hatte genug gesunden Menschenverstand und Geistesgegenwart, um diese absurde Vision abzulehnen, die verschwand. Aber sie sprach ihre ersten Zeilen mit unhörbarer Stimme.

Sie hatte brennende Schmerzen im Magen. Sie litt unter Erstickungsanfällen, manchmal ohne ersichtlichen Grund, ein unaussprechlicher Schmerz erfasste ihre Eingeweide, ihr Herz raste wie wild und sie fürchtete, dass sie sterben müsste.

Dr. Trublet betreute sie mit wachsamer Umsicht. Sie sah ihn oft im Theater und besuchte ihn gelegentlich in seinem alten Haus in der Rue de Seine. Sie ging nicht durch das Wartezimmer; Der Diener führte sie sofort in das kleine Esszimmer, wo arabische Töpferwaren im Schatten glitzerten, und sie war immer die Erste, die hineingeführt wurde. Eines Tages gelang es Sokrates, ihr verständlich zu machen, wie in dem Zimmer Bilder entstehen Gehirn, und wie diese Bilder nicht immer mit externen Objekten korrespondieren oder, nach meiner Einschätzung, nicht immer genau übereinstimmen.

„Halluzinationen", fügte er hinzu, „sind in den meisten Fällen nur falsche Wahrnehmungen. Man sieht etwas, aber man sieht es schlecht, so dass ein Federbesen zu einem Kopf voller borstiger Locken wird, eine rote Nelke zum offenen Maul eines Tieres, und ein Hemd ist ein Geist in seinem Wickeltuch. Unbedeutende Fehler.

Aus diesen Argumenten schöpfte sie genügend Kraft, ihre Visionen von Katzen und Hunden oder von lebenden, ihr wohlbekannten Personen zu verachten und zu zerstreuen. Dennoch fürchtete sie sich davor, den Toten wiederzusehen; und die mystischen Schrecken, die in den dunklen Winkeln ihres Gehirns schlummerten, waren mächtiger als die Demonstrationen der Wissenschaft. Es war sinnlos, ihr zu sagen, dass die Toten nie zurückgekehrt waren; Sie wusste sehr gut, dass sie es taten.

Bei dieser Gelegenheit riet Sokrates ihr noch einmal, etwas Ablenkung zu finden, ihre Freunde und vorzugsweise die angenehmeren ihrer Freunde zu besuchen und Dunkelheit und Einsamkeit als ihre beiden heimtückischsten Feinde zu meiden.

Und er fügte dieses Rezept hinzu:

„Besonders müssen Sie Personen und Dinge meiden, die mit dem Objekt Ihrer Visionen in Zusammenhang stehen könnten."

Er sah nicht ein, dass dies unmöglich war. Nanteuil auch nicht.

„Dann wirst du mich heilen, lieber alter Sokrates", sagte sie und richtete ihre hübschen grauen Augen voller Bitten auf ihn.

„Du wirst dich selbst heilen, mein Kind. Du wirst dich selbst heilen, weil du fleißig, vernünftig und mutig bist. Ja, ja, du bist schüchtern und mutig zugleich. Du fürchtest die Gefahr, aber du hast den Mut zu leben. Du wirst geheilt werden, weil du kein Mitgefühl mit dem Bösen und dem Leiden hast. Du wirst geheilt werden, weil du geheilt werden willst."

„Sie glauben also, dass man geheilt werden kann, wenn man es will?"

„Wenn man es auf eine gewisse tiefe, intime Weise will, wenn es unsere Zellen sind, die es in uns wollen, wenn es unser Unterbewusstsein ist, das es will; wenn man es mit dem geheimen, überströmenden, absoluten Willen des kräftigen Baumes will, der sich selbst will, um im Frühling wieder grün zu werden."

KAPITEL XVIII

sie in derselben Nacht nicht schlafen konnte, drehte sie sich in ihrem Bett um und warf die Bettwäsche zurück. Sie spürte, dass der Schlaf noch in weiter Ferne lag, dass er mit den ersten Strahlen kommen würde, voller tanzender Staubatome, mit denen der Morgen die Ritzen zwischen den Vorhängen durchdringt. Das Nachtlicht mit seinem winzigen brennenden Herzen, das durch seinen Porzellanschirm schien, vermittelte ihr eine mystische und vertraute Gesellschaft. Félicie öffnete die Augen und saugte mit einem Blick den weißen, milchigen Schimmer ein, der ihr Seelenfrieden verschaffte. Dann, als sie sie wieder schloss, verfiel sie wieder in die turbulente Müdigkeit der Schlaflosigkeit. Hin und wieder kamen ihr ein paar Worte in den Sinn, Worte, denen sie keine Bedeutung beimaß, die sie aber dennoch besessen machten: „Unsere Tage sind das, was wir aus ihnen machen." Und ihr Geist ermüdete sich, indem sie immer wieder vier oder fünf Ideen durchging.

„Ich muss morgen zu Madame Royaumont gehen, um mein Kleid anzuprobieren. Gestern ging ich mit Fagette in Jeanne Perrins Umkleidekabine; sie zog sich gerade an und zeigte ihre haarigen Beine, als wäre sie stolz darauf. Das ist sie nicht Sie ist hässlich, Jeanne Perrin, aber es ist ihr Gesichtsausdruck, der mir nicht gefällt. Ich schulde ihr nur sechsundzwanzig Franken. „Unsere Tage sind, was wir daraus machen." Wie heiß mir ist!"

Mit einer schnellen Bewegung ihrer geschmeidigen Lenden drehte sie sich um und ihre bloßen Arme öffneten sich, um die Luft zu umarmen, als wäre sie ein kühler, subtiler Körper gewesen.

„Es kommt mir vor, als wäre Robert hundert Jahre her gegangen. Es war grausam von ihm, mich in Ruhe zu lassen. Mir wird schlecht vor Sehnsucht nach ihm." Und zusammengerollt in ihrem Bett erinnerte sie sich intensiv an die Stunden, in denen sie sich eng umarmt hatten. Sie nannte ihn:

„Mein Kätzchen! Kleiner Wolf!"

Und sofort begann derselbe Gedankengang erneut seinen ermüdenden Prozess durch ihren Kopf.

„Unsere Tage sind das, was wir aus ihnen machen. Unsere Tage sind das, was wir aus ihnen machen. Unsere Tage …' Vierzehn und drei, siebzehn und neun, sechsundzwanzig. Ich konnte ganz deutlich sehen, dass Jeanne Perrin ihre langen Männerbeine zeigte , dunkelhaarig, mit Absicht. Stimmt es, dass Jeanne Perrin den Frauen um vier Uhr Geld gibt? Es gibt eine schreckliche Sache, die Madame Royaumont niemals anziehen kann Ärmel richtig. Wie heiß ich bin!

Plötzlich dachte sie an Chevalier, und sie schien einen Einfluss zu spüren, der von ihm ausging und über die Wände ihres Schlafzimmers glitt. Es kam ihr so vor, als ob der Schimmer des Nachtlichts dadurch gedämpft wurde. Es war weniger als ein Schatten, und es erfüllte sie mit Sorge. Plötzlich schoss ihr der Gedanke durch den Kopf, dass dieses subtile Ding seinen Ursprung in den Porträts des Toten hatte. Sie hatte keines davon in ihrem Schlafzimmer aufbewahrt. Aber es waren noch welche in der Wohnung, manche hatte sie nicht zerrissen. Sie zählte sie sorgfältig durch und stellte fest, dass noch drei übrig sein mussten: Das erste zeigte ihn, als er noch ganz jung war, vor einem wolkigen Hintergrund; ein anderer saß lachend und entspannt auf einem Stuhl; ein dritter als Don Cæsar de Bazan. In ihrer Eile, jeden Rest von ihnen zu vernichten, sprang sie aus dem Bett, zündete eine Kerze an und schlurfte in ihrem Nachthemd in Pantoffeln ins Wohnzimmer, bis sie an den Rosenholztisch kam, auf dem eine Phönixpalme thronte. Sie zog die Tischdecke hoch und durchsuchte die Schublade. Darin befanden sich Kartenzähler, Kerzenfassungen, ein paar von den Möbeln gelöste Holzreste, zwei oder drei Kronleuchter, die zum Kronleuchter gehörten, und ein paar Fotos, von denen sie nur eines von Chevalier fand, das älteste, das ihn an einem Tisch stehend zeigte bewölkter Hintergrund.

Sie suchte nach den anderen beiden in einem kleinen Boule-Möbelstück, das den Raum zwischen den Fenstern schmückte und auf dem einige chinesische Lampen standen. Hier schlummerten Lampenkugeln aus Mattglas, Lampenschirme, mit vergoldeter Bronze verzierte Kelche aus geschliffenem Glas, ein Streichholzständer aus bemaltem Porzellan, flankiert von einem Kind, das an einer Trommel neben einem Hund schlief, Bücher, deren Einbände gelöst waren, zerschlissene Partituren , ein paar kaputte Fächer, eine Flöte und ein kleiner Haufen Carte-de-visite-Porträts. Dort entdeckte sie einen zweiten Ritter, den Don Cæsar de Bazan. Der Dritte war nicht da. Sie fragte sich vergebens, wo es hätte versteckt sein können. Vergeblich durchstöberte sie Kisten, Schüsseln, Blumentopfhalter und das Musiksofa. Und während sie eifrig nach dem Porträt suchte, wurde es in ihrer Vorstellung immer größer und deutlicher, erreichte die Statur eines Mannes, nahm eine spöttische Miene an und forderte sie heraus. Ihr Kopf brannte, ihre Füße waren wie Eis und sie spürte, wie sich die Angst in ihre Magengrube ausbreitete. Gerade als sie die Suche aufgeben und ihr Gesicht im Kissen vergraben wollte, fielen ihr ein, dass ihre Mutter einige Fotos in ihrem verspiegelten Kleiderschrank aufbewahrte. Sie fasste erneut Mut. Leise betrat sie das Zimmer der schlafenden Madame Nanteuil. Mit leisen Schritten schlich sie zum Kleiderschrank, öffnete ihn langsam und geräuschlos und erkundete, auf einem Stuhl stehend, das oberste Regal, das mit alten Pappkartons beladen war. Sie stieß auf ein Album aus der Zeit des Zweiten Kaiserreichs, das zwanzig Jahre lang nicht geöffnet worden war. Sie kramte in einer Menge Briefen, Quittungsbündeln und Mont-de-Piété-Gutscheinen.

Madame Nanteuil wurde vom Licht der Kerze und dem mausähnlichen Geräusch des Suchenden geweckt und forderte:

"Wer ist da?"

Als sie sofort das vertraute kleine Phantom in ihrem langen Nachthemd und mit einem dicken Haarzopf auf dem Rücken wahrnahm, das auf einem Stuhl saß, rief sie aus:

„Du bist es, Félicie? Du bist nicht krank, oder? Was machst du da?"

„Ich suche etwas."

„In meinem Kleiderschrank?"

„Ja, Mama."

„Gehen Sie bitte zurück in Ihr Bett! Sie werden sich erkälten. Sagen Sie mir wenigstens, wonach Sie suchen. Wenn es die Schokolade ist, steht sie auf dem mittleren Regal neben der silbernen Zuckerdose."

Aber Félicie hatte ein Paket mit Fotos in die Hand genommen, das sie hastig umblätterte. Ihre ungeduldigen Finger lehnten Madame Doulce ab, mit Spitze geschmückt, Fagette, strahlend, ihr Haar löste sich in seinem eigenen Glanz auf; Tony Meyer, mit engstehenden Augen und einer über die Lippen hängenden Nase; Pradel mit seinem blühenden Bart; Trublet, kahl und stumpfnasig; Monsieur Bondois, mit ängstlichen Augen und gerader Nase über einem dicken Schnurrbart. Obwohl sie nicht in der Stimmung war, Monsieur Bondois Aufmerksamkeit zu schenken, warf sie ihm einen flüchtigen feindseligen Blick zu und ließ zufällig zu, dass ein Tropfen Kerzenfett seine Nase entstellte.

Madame Nanteuil, die inzwischen hellwach war, konnte aus ihrem Vorgehen nichts anfangen.

„Félicie, warum um alles in der Welt stöberst du so in meinem Kleiderschrank herum?"

Félicie, die endlich das Foto in der Hand hielt, nach dem sie so eifrig gesucht hatte, antwortete nur mit einem Schrei wilder Freude und sprang vom Stuhl auf, wobei sie ihre tote Freundin und versehentlich auch Monsieur Bondois mitnahm.

Als sie ins Wohnzimmer zurückkehrte, hockte sie sich vor den Kamin und machte ein Feuer aus Papier, in das sie Chevaliers drei Fotografien warf. Sie sah zu, wie sie loderten, und als die drei verdrehten und geschwärzten Pappstücke den Schornstein hinaufflogen und weder Form noch Substanz übrig blieben, atmete sie frei. Diesmal glaubte sie wirklich, dass sie dem eifersüchtigen Toten den Stoff seiner Erscheinungen entzogen und sich von der gefürchteten Besessenheit befreit hatte.

Als sie ihren Kerzenhalter aufhob, sah sie Monsieur Bondois, dessen Nase unter einem runden weißen Wachsklecks verschwunden war. Da sie nicht wusste, was sie mit ihm anfangen sollte, warf sie ihn lachend in den immer noch brennenden Kamin.

Als sie in ihr Zimmer zurückkehrte, stellte sie sich vor den Spiegel und zog ihr Nachthemd eng um sich, um die Linien ihres Körpers zu betonen. Ein Gedanke, der ihr gelegentlich durch den Kopf schoss, verweilte diesmal etwas länger als gewöhnlich.

Sie pflegte sich zu fragen:

„Warum ist jemand so gemacht, mit Kopf, Armen, Beinen, Händen, Füßen, Brust und Bauch? Warum ist einer so gemacht und nicht anders? Es ist lustig."

Und in diesem Moment kam ihr die menschliche Gestalt willkürlich, phantastisch, fremd vor. Doch ihr Erstaunen war bald vorbei. Und als sie sich selbst betrachtete, war sie zufrieden mit sich. Sie war sich einer tiefen, tiefen Freude an sich selbst bewusst. Sie entblößte ihre Brüste, hielt sie zart in ihren Handflächen, betrachtete sie zärtlich im Glas, als wären sie kein Teil von ihr selbst, sondern etwas, das zu ihr gehörte, wie zwei Lebewesen, wie ein Taubenpaar.

Nachdem sie ihnen zugelächelt hatte, ging sie wieder ins Bett. Als sie am späten Morgen aufwachte, war sie für einen Moment überrascht, allein in ihrem Bett zu sein. Manchmal teilte sie sich in einem Traum in zwei Wesen, und als sie ihr eigenes Fleisch spürte, träumte sie, dass sie von einer Frau gestreichelt würde.

KAPITEL XIX

Die Generalprobe von *La Grille* war für zwei Uhr anberaumt. Bereits um ein Uhr hatte Dr. Trublet seinen gewohnten Platz in Nanteuils Garderobe eingenommen.

Félicie, die von Madame Michon eingekleidet wurde, warf ihrem Arzt vor, ihr nichts zu sagen zu haben. Doch sie war es, die gedankenverloren auf die Rolle konzentriert war, die sie spielen wollte, und ihm nicht zuhörte. Sie ordnete an, dass niemand ihre Umkleidekabine betreten dürfe. Dennoch empfing sie den Besuch von Constantin Marc mit Freude, denn sie empfand ihn als sympathisch.

Er wurde aufgeregt. Um seine Aufregung zu verbergen, gab er vor, über seine Wälder im Vivarais zu sprechen, und begann, Schießgeschichten und Bauernmärchen zu erzählen, die er jedoch nicht zu Ende brachte.

„Ich bin in einer Panik", sagte Nanteuil. „Und Sie, Monsieur Marc, haben Sie keine Magenbeschwerden?"

Er verneinte jegliche Angst. Sie bestand darauf:

„Jetzt gestehe, dass du wünschst, es wäre vorbei."

„Nun, da Sie darauf bestehen, wäre es mir vielleicht lieber, wenn es vorbei wäre."

Daraufhin stellte ihm Dr. Sokrates mit einfacher Miene und ruhiger Stimme folgende Frage:

„Glauben Sie nicht, dass das, was erreicht werden muss, bereits erreicht wurde und seit jeher erreicht wurde?"

Und ohne eine Antwort abzuwarten, fügte er hinzu:

„Wenn die Phänomene der Welt nacheinander in unser Bewusstsein gelangen, dürfen wir daraus nicht schließen, dass sie tatsächlich aufeinander folgen, und wir haben noch weniger Gründe zu glauben, dass sie in dem Moment erzeugt werden, in dem wir sie wahrnehmen."

„Das ist offensichtlich", sagte Constantin Marc, der nicht zugehört hatte.

„Das Universum", fuhr der Arzt fort, „erscheint uns ständig unvollkommen, und wir alle haben die Illusion, dass es sich ständig vervollständigt. Da wir Phänomene nacheinander wahrnehmen, glauben wir tatsächlich, dass sie aufeinander folgen. Wir stellen uns vor, dass diejenigen, die …" Wir sehen nicht mehr in der Vergangenheit, und diejenigen, die wir noch nicht sehen, liegen in der Zukunft. Aber es ist möglich, sich Wesen vorzustellen, die so gebaut sind, dass sie gleichzeitig wahrnehmen, was wir als Vergangenheit und Zukunft betrachten Wesen, die Phänomene in einer rückläufigen Reihenfolge wahrnehmen und sehen, wie sie sich von unserer Zukunft in unsere Vergangenheit entfalten, Tiere, die über einen anderen Raum als wir selbst verfügen und beispielsweise in der Lage sind, sich mit einer Geschwindigkeit zu bewegen, die größer als die des Lichts ist, würden eine Idee haben der Abfolge von Phänomenen, die sich stark von unseren eigenen unterscheiden würden.

„Wenn mich Durville doch nur nicht auf der Bühne verärgern würde!" rief Félicie, während Madame Michon ihre Strümpfe unter ihrem Rock anzog.

Constantin Marc versicherte ihr, dass Durville von so etwas nicht einmal träumte, und bat sie, sich keine Sorgen zu machen.

Und Dr. Sokrates nahm seine Rede wieder auf.

„Wir selbst können in einer klaren Nacht, wenn wir auf Spica Virginis blicken, die über dem Wipfel einer Pappel pocht, gleichzeitig sehen, was war und was ist. Und das kann man mit gleicher Wahrheit sagen." dass wir sehen, was ist und was sein wird, denn wenn der Stern, wie er uns erscheint, im Vergleich zum Baum die Vergangenheit darstellt, stellt der Baum im Vergleich zum Stern die Zukunft dar. zeigt uns schon von weitem sein kleines, feuriges Antlitz, nicht wie heute, sondern wie es in der Zeit unserer Jugend war, vielleicht schon vor unserer Geburt, und die Pappel, deren junge Blätter in der frischen Luft zittern Nachtluft, kommen im selben Moment in uns zusammen und sind für uns gleichzeitig präsent. Wir sagen von einer Sache, dass sie in der Gegenwart ist, wenn wir eine genaue Wahrnehmung davon haben Wir bewahren nur ein undeutliches Bild davon. Etwas mag vor Millionen von Jahren erreicht worden sein, doch wenn es den größtmöglichen Eindruck auf uns macht, wird es für uns nicht der Vergangenheit angehören; es wird vorhanden sein. Die Reihenfolge, in der sich die Dinge in den Tiefen des Universums drehen, ist uns unbekannt. Wir kennen nur die Reihenfolge unserer Wahrnehmungen. Zu glauben, dass die Zukunft nicht existiert, weil wir sie nicht kennen, ist wie zu glauben, dass ein Buch nicht fertig ist, weil wir es noch nicht zu Ende gelesen haben.

Der Arzt hielt einen Moment inne. Und Nanteuil hörte in der Stille, die darauf folgte, den Klang ihres Herzens. Sie rief aus:

„Mach weiter, mein lieber Sokrates, mach weiter, ich flehe dich an. Wenn du nur wüsstest, wie viel Gutes du mir tust, wenn du redest! Du denkst, ich höre kein einziges Wort, das du sagst. Es gibt mir das Gefühl, dass es neben meinem Auftritt noch etwas anderes gibt; es hält mich davon ab, dem Blues nachzugeben, aber höre nicht auf.

Der weise Sokrates, der zweifellos den wohlwollenden Einfluss seiner Rede auf die Schauspielerin vorhergesehen hatte, nahm seinen Vortrag wieder auf:

„Das Universum ist zwangsläufig als Dreieck aufgebaut, dem zwei Winkel und eine Seite gegeben sind. Zukünftige Dinge sind bestimmt. Sie sind von diesem Moment an abgeschlossen. Sie sind, als ob sie existierten. Tatsächlich existieren sie bereits. Sie existieren in einem solchen Ausmaß." dass wir sie teilweise kennen, und wenn dieser Teil im Verhältnis zu ihrer Unermesslichkeit verschwindend gering ist, so ist er dennoch sehr bemerkenswert im Verhältnis zu dem Teil der erreichten Dinge, von denen wir Kenntnis haben können. Für uns ist die Zukunft nicht viel dunkler als die Vergangenheit. Wir wissen, dass Generationen in Arbeit, Freude und Leid über die Dauer der Menschheit hinausblicken werden Ihre scheinen unveränderlich zu sein; ich sehe den Wain von seinem alten Team befreit, den Schild des Orion in zwei Teile zerbrochen, Sirius ausgelöscht. Wir wissen, dass die Sonne morgen aufgehen wird und dass sie noch lange Zeit jeden Morgen mittendrin aufgehen wird den dichten Wolken oder in leichten Nebeln."

Adolphe Meunier trat diskret auf Zehenspitzen ein.

Der Arzt ergriff warm seine Hand.

„Guten Tag, Monsieur Meunier. Wir können den Neumond des nächsten Monats sehen. Wir sehen ihn nicht so deutlich wie den Neumond dieser Nacht, weil wir nicht wissen, in welchem grauen oder rötlichen Himmel er seinen alten Topfdeckel über meinem zeigen wird." Dach, inmitten der mit spitzen Hüten und romantischen Kapuzen bedeckten Kaminöfen, vor den Blicken der verliebten Katzen. Aber dieser kommende Mondaufgang – wenn wir erfahren genug wären, ihn im Voraus zu kennen, bis ins kleinste Detail Davon ist es wichtig, dass wir uns eine ebenso klare Vorstellung von der Nacht machen, von der ich spreche, wie von der Nacht, in der wir jetzt sind.

„Das Wissen, das wir über die Fakten haben, ist der einzige Grund, der uns dazu bringt, an ihre Realität zu glauben. Wir wissen, dass bestimmte Fakten zwangsläufig eintreten werden. Wir müssen daher glauben, dass sie real sind. Und wenn sie real sind, dann sind sie es." Es ist also glaubhaft, mein lieber Constantin Marc, dass Ihr Stück vor tausend Jahren gespielt wurde, oder vor einer halben Stunde, was absolut auf das Gleiche hinausläuft. Es ist glaubwürdig, dass wir alle schon seit einiger Zeit tot sind . Denken Sie darüber nach, und Ihr Geist wird zur Ruhe kommen."

Constantin Marc, der seinen Ausführungen kaum Beachtung geschenkt hatte und deren Relevanz und Angemessenheit nicht erkannte, antwortete in einem etwas gereizten Ton, dass alles in Bossuet zu finden sei.

„In Bossuet!" rief der empörte Arzt aus. „Ich fordere Sie auf, mir in seinen Werken etwas Ähnliches zu zeigen. Bossuet hatte keine Ahnung von Philosophie."

Nanteuil wandte sich an den Arzt. Sie trug eine große Rasenhaube mit einer hohen runden Haube; Es war mit einem breiten blauen Band fest um ihren Kopf gebunden, und seine übereinanderliegenden Lappen fielen auf beide Seiten ihres Gesichts und beschatteten ihre Stirn und Wangen. Sie hatte sich in eine feurige Blondine verwandelt. Rotbraunes Haar fiel ihr in Locken über die Schultern. Über ihrer Brust war ein Halstuch aus Organdie gekreuzt, das in der Taille von einem breiten purpurnen Gürtel gehalten wurde. Ihr weiß-rosa gestreifter Unterrock, der von der etwas hohen Taille herabfiel, als wäre er nass und eng anliegend, ließ sie sehr groß erscheinen. Sie sah aus wie eine Traumfigur.

„Auch Delage", sagte sie, „macht einen auf die übelste Art fertig. Hast du gehört, was er Marie-Claire angetan hat? Sie spielten zusammen in *Les Femmes savantes* . Er legte ihr auf der Bühne ein Ei in die Hand." Sie konnte es bis zum Ende des Aktes nicht mehr loswerden.

Als sie den Ruf des Callboys hörte, ging sie die Treppe hinunter, gefolgt von Constantin Marc. Sie hörten das Brüllen des Hauses, das Gemurmel des Monsters, und es schien ihnen, als würden sie in das flammende Maul des apokalyptischen Tieres eindringen.

La Grille wurde positiv aufgenommen. Es kam am Ende der Saison, ohne dass es Hoffnung auf eine lange Laufzeit gab, und fand bei allen großen Anklang. In der Mitte des ersten Akts war sich das Publikum des Stils, der Poesie und hier und da der Unklarheiten des Stücks bewusst. Von da an respektierten sie es, gaben vor, es zu genießen, und wünschten, sie könnten es verstehen. Sie verziehen dem Stück seinen geringen dramatischen Wert. Es war literarisch, und ausnahmsweise fand der Stil Akzeptanz.

Constantin Marc kannte in Paris noch niemanden. Er hatte drei oder vier Gutsbesitzer aus dem Vivarais ins Theater eingeladen, die errötend in ihren weißen Krawatten im Parkett saßen, ihre runden Augen verdrehten und nicht zu applaudieren wagten. Da er keine Freunde hatte, dachte niemand daran, seinen Erfolg zu verderben. Und selbst auf den Fluren gab es Leute, die sein Talent über das anderer Dramatiker stellten. Dennoch wanderte er hocherregt von Umkleidekabine zu Umkleidekabine oder ließ sich auf einen Stuhl hinten in der Bühnenloge des Regisseurs fallen. Er machte sich Sorgen um die Kritiker.

„Beruhigen Sie sich", sagte Romilly zu ihm. „Sie werden über Ihr Stück die guten oder schlechten Dinge sagen, die sie über Pradel denken. Und im Moment denken sie mehr schlecht als gut über ihn."

Adolphe Meunier teilte ihm mit einem blassen Lächeln mit, dass das Haus gut sei und dass die Kritiker der Meinung seien, dass das Stück sehr sorgfältig geschrieben sei. Als Gegenleistung erwartete er ein paar lobende Worte zu seinem Werk „ *Pandolphe et Clarimonde* ". Doch es kam Constantin Marc nicht in den Sinn, sie zu bürgen.

Romilly schüttelte den Kopf.

„Wir müssen uns auf Verurteilungen freuen. Monsieur Meunier weiß das sehr gut. Die Presse hat sich ihm gegenüber äußerst ungerecht gezeigt."

„Leider", seufzte Meunier, „werden sie nie so viele harte Dinge über uns sagen wie über Shakespeare und Molière."

Nanteuil hatte einen großen Erfolg, der weniger durch lautstarke Rufe vor dem Vorhang als vielmehr durch die tiefere und diskretere Zustimmung anspruchsvoller Theaterbesucher gekennzeichnet war. Sie hatte Eigenschaften offenbart, die man ihr bisher nicht zugetraut hatte; Reinheit der Diktion, Vornehmheit der Haltung und eine stolze, bescheidene Anmut.

Auf der Bühne gratulierte ihr in der letzten Pause der Minister persönlich. Dies war ein Zeichen dafür, dass die Öffentlichkeit wohlwollend eingestellt war, denn Minister äußern niemals individuelle Meinungen. Hinter dem Großmeister der Universität drängte sich eine schmeichelhafte Schar von Beamten, Gesellschaftsleuten und Theaterautoren. Mit ausgestreckten Armen wie Pumpgriffe versicherten ihr alle gleichzeitig ihre Bewunderung. Und Madame Doulce, erstickt von ihrer Zahl, hinterließ auf den Knöpfen der Herrengewänder Fetzen ihrer unzähligen Verzierungen aus Baumwollspitze.

Der letzte Akt war Nanteuils Triumph. Sie erreichte beim Publikum Besseres als Tränen und Geschrei. Sie entlockte allen Augen jenen feuchten, aber tränenlosen Blick, jeder Brust jenes tiefe, aber fast stumme Gemurmel, das nur Schönheit hervorzurufen vermag.

Sie hatte das Gefühl, in einem einzigen Augenblick unermesslich gewachsen zu sein, und als der Vorhang fiel, flüsterte sie:

"Diesmal habe ich es geschafft!"

Sie war gerade dabei, sich in ihrem Ankleidezimmer zu entkleiden, das mit Körben voller Orchideen, Rosensträußen und Fliedersträußen gefüllt war, als man ihr ein Telegramm brachte. Sie riss es auf. Es war eine Nachricht aus Den Haag mit den Worten:

„Meine herzlichsten Glückwünsche zu Ihrem unbestrittenen Erfolg – Robert."

Gerade als sie mit der Lektüre fertig war, betrat Dr. Trublet die Umkleidekabine.

Sie warf ihre Arme, brennend vor Freude und Müdigkeit, um seinen Hals; Sie zog ihn an ihre warme, feuchte Brust und drückte mit ihren betrunkenen Lippen einen schmatzenden Kuss auf sein nachdenkliches Silenus-ähnliches Gesicht.

Sokrates, der ein weiser Mann war, nahm den Kuss als Geschenk der Götter an, wohlwissend, dass er nicht für ihn bestimmt war, sondern dem Ruhm und der Liebe gewidmet war.

Nanteuil erkannte selbst, dass sie in ihrer Trunkenheit vielleicht einen zu leidenschaftlichen Atemzug über ihre Lippen gebracht hatte, denn sie warf die Arme auseinander und rief:

„Es lässt sich nicht ändern! Ich bin so glücklich!“

KAPITEL XX

Zu Ostern steigerte ein Ereignis von großer Bedeutung ihre Freude. Sie war an der Comédie-Française engagiert. Ohne das Thema zu erwähnen, hatte sie sich seit einiger Zeit um diese Verlobung bemüht. Ihre Mutter hatte ihr bei den Schritten geholfen, die sie unternommen hatte. Madame Nanteuil war jetzt, da sie geliebt wurde, liebenswert. Sie trug jetzt gerade Korsetts und Unterröcke, die sie überall zur Schau stellen konnte. Sie besuchte häufig die Büros des Ministeriums, und es heißt, sie habe der Bitte des stellvertretenden Leiters einer Abteilung der Beaux-Arts mit großer Gnade nachgegeben. Zumindest sagte Pradel.

Er würde freudig ausrufen:

„Du würdest sie jetzt nicht wiedererkennen, Mutter Nanteuil! Sie ist höchst begehrenswert geworden und ich mag sie mehr als ihre kleine Füchsin von einer Tochter. Sie hat ein besseres Gemüt."

Félicie hatte wie alle anderen die Comédie-Française verachtet, verachtet und verunglimpft. Sie hatte wie alle anderen gesagt: „Ich würde kaum Lust haben, in dieses Haus zu gelangen." Und kaum gehörte sie dazu, wurde sie von stolzer und freudiger Freude erfüllt. Was ihre Freude noch steigerte, war, dass sie ihr Debüt in *der L'École des Femmes* geben sollte . Sie lernte die Rolle der Agnès bereits bei einem obskuren alten Professor, Monsieur Maxime, von dem sie eine hohe Meinung hatte, weil er mit allen Traditionen der Bühne vertraut war. Nachts spielte sie die Cécile in *„ La Grille "* und sie lebte in einem fieberhaften Arbeitsgetümmel. Sie erhielt einen Brief, in dem Robert de Ligny ihr mitteilte, dass er nach Paris zurückkehren würde.

Während seines Aufenthalts in Den Haag hatte er einige Experimente durchgeführt, die ihm die Stärke seiner Liebe zu Félicie bewiesen hatten. Er hatte Frauen gehabt, von denen es hieß, sie seien hübsch und sympathisch. Aber weder Madame Bourmdernoot aus Brüssel, groß und frisch aussehend, noch die Schwestern Van Cruysen, Hutmacherinnen auf der Vijver, noch Suzette Berger von den Folies-Marigny, die damals auf Tournee durch Nordeuropa war, hatten ihm ein Gefühl der Vollständigkeit vermittelt. Als er in ihrer Gesellschaft war, hatte er Félicie bedauert und festgestellt, dass er von allen Frauen nur sie begehrte. Ohne Madame Bourmdernoot, die Schwestern Van Cruysen und Suzette Berger hätte er nie erfahren, wie unbezahlbar Félicie Nanteuil für ihn war. Wenn man es wörtlich nehmen muss, könnte man argumentieren, dass er ihr untreu war. Das ist der richtige Ausdruck. Es gibt andere, die zum gleichen Ergebnis kommen und nicht so zum guten Ton gehören. Aber wenn man die Sache genauer betrachtet, hatte er sie nicht getäuscht. Er hatte sie gesucht, er hatte sie außerhalb ihrer selbst gesucht und hatte gelernt, dass er sie allein in sich selbst finden würde. In seiner vergeblichen Weisheit war er fast wütend und beunruhigt; Es war ihm unangenehm, die Vielzahl seiner Wünsche auf eine so dünne Substanz, in ein so einzigartiges und zerbrechliches Gefäß setzen zu müssen. Und er liebte Félicie umso mehr, weil er sie mit einer gewissen Tiefe von Wut und Hass liebte.

Noch am Tag seiner Ankunft in Paris verabredete er sich mit ihr in einer Junggesellenwohnung, die ihm ein reicher Kollege im Außenministerium zur Verfügung gestellt hatte. Es befand sich in der Avenue de l'Alma, im Erdgeschoss eines attraktiv aussehenden Hauses, und bestand aus ein paar kleinen Zimmern, deren Wand mit einem Muster aus Sonnen mit braunen Herzen und goldenen Strahlen dekoriert war, die gleichförmig und friedlich aufstiegen und schattenlos an der fröhlichen Wand. Die Zimmer waren modern eingerichtet; die Möbel waren von blassem Grün und mit blühenden Zweigen geschmückt; Seine Umrisse folgten den sanften Kurven der Liliengewächse und vermittelten etwas von der Zärtlichkeit feuchter Vegetation. Das Cheval-Glas neigte sich in seinem Rahmen aus geschmeidig geformten Knollenpflanzen, die in geschlossenen Blütenkronen endeten, leicht nach vorne, und in diesem Rahmen hatte der Spiegel die Kühle von Wasser. Am Fußende des Bettes lag ein weißes Bärenfell ausgestreckt.

„Du! Du! Du bist es!" war alles, was sie sagen konnte.

Sie sah die Pupillen seiner Augen leuchtend und schwer vor Verlangen, und während sie ihn ansah, sammelte sich eine Wolke vor ihren Augen. Das subtile Feuer ihres Blutes, das Brennen ihrer Lenden, der warme Atem ihrer Lungen, die feurige Farbe ihres Gesichts – all das vermischte sich in ihrem Mund, und sie drückte auf die Lippen ihres Geliebten einen langen, langen Kuss, einen schwangeren Kuss mit all diesen Feuern und so frisch wie eine Blume im Tau.

Sie stellten einander zwanzig Dinge gleichzeitig und ihre Fragen vermischten sich.

„Warst du unglücklich, Robert, als du von mir weg warst?"

„Sie geben also Ihr Debüt in der Comédie?

„Ist Den Haag ein hübscher Ort?"

„Ja, ein ruhiges Städtchen. Rote, graue, gelbe Häuser, mit Treppengiebeln, grünen Fensterläden und Geranien an den Fenstern."

"Was hast du dort gemacht?"

„Nicht viel. Ich bin um den Vijver herumgelaufen."

„Du bist nicht mit Frauen gegangen, sollte ich hoffen?"

„Nein, auf mein Wort. Wie hübsch du bist, mein Schatz! Geht es dir jetzt wieder gut?"

„Ja, ich bin geheilt."

Und plötzlich sagte sie flehend:

„Robert, ich liebe dich. Verlass mich nicht. Wenn du mich verlassen würdest, weiß ich mit Sicherheit, dass ich nie wieder einen Liebhaber nehmen könnte. Und was würde aus mir werden? Du weißt, dass ich ohne Liebe nicht auskommen kann."

Er antwortete schroff und mit rauer Stimme, dass er sie nur zu sehr liebte und dass er nur an sie dachte.

„Ich werde verrückt danach."

Seine Härte entzückte und beruhigte sie mehr, als es die kraftlose Zärtlichkeit seiner Schwüre und Versprechungen hätte tun können. Sie lächelte und begann sich großzügig auszuziehen.

„Wann geben Sie Ihr Debüt an der Comédie?"

„Noch in diesem Monat."

Sie öffnete ihr Täschchen und nahm neben ihrem Gesichtspuder auch ihren Proberuf heraus, den sie Robert hinhielt. Es war ihr eine Quelle unendlichen Vergnügens, dieses Dokument voller Bewunderung anzustarren, denn es trug die Überschrift der Comédie und das ferne und ehrfurchtgebietende Datum ihrer Gründung.

„Sehen Sie, ich gebe mein Debüt als Agnès in *L'École des Femmes* ."

„Es ist eine schöne Rolle."

"Ich glaube Ihnen."

Und während sie sich auszog, drängten sich ihr die Zeilen auf die Lippen und sie flüsterte sie:

> „Moi, j'ai blessé quelqu'un? fis-je tout étonnée
> Oui, dit-elle, blessé; mais blessé tout de bon;Und es ist
> der Mann, den du auf dem Balkon siehst! Qui pourrait,
> lui dis -je, en avoir été Cause?Sur lui, sans y penser, fis-
> je choir quelque selected?"

„Sehen Sie, ich bin nicht abgemagert."

> „Nicht wahr, ihr werdet glauben, dass dieser Putsch
> tödlich   ist,
> und das ist ihre Meinung, was ihr alles tun werdet."

„Wenn überhaupt, bin ich etwas rundlicher, aber nicht zu sehr."

„Hé, mon Dieu! ma Surprise est, fis-je, sans seconde;
Mes yeux ont-ils du mal pour en donner au monde?"

Er hörte sich die Zeilen mit Vergnügen an. Obwohl er einerseits nicht viel mehr über die Literatur vergangener Tage oder die französische Tradition wusste als seine jugendlichen Zeitgenossen, hatte er mehr Geschmack und lebhaftere Interessen. Und wie alle Franzosen liebte er Molière, verstand ihn und fühlte ihn zutiefst.

„Es ist herrlich", sagte er. „Jetzt komm zu mir."

Mit ruhiger und wohltätiger Anmut ließ sie ihr Hemd nach unten gleiten. Aber weil sie begehrenswert sein wollte und weil sie die Komödie liebte, begann sie mit der Erzählung von Agnès:

„J'étais sur le balcon à travailler au frais,
Lorsque je vis passer sous les aurbres d'auprèsUn
jeune homme bien fait qui, rencontrant ma vue…"

Er rief sie und zog sie zu sich. Sie glitt aus seinen Armen, ging auf den Spiegel zu und rezitierte und spielte vor dem Glas weiter.

„Eine bescheidene Ehrwürdigkeit hat mich gegrüßt."

Sie beugte ihr Knie, zuerst leicht, dann tiefer, dann, mit dem linken Bein nach vorne und dem rechten nach hinten, und machte einen tiefen Knicks.

„Moi, pour ne point manquer à la Civilité,
Je fis la révérence aussi de mon côté."

Er rief sie eindringlicher an. Aber sie machte einen zweiten Knicks, dessen Pausen sie mit amüsanter Präzision betonte. Und sie rezitierte und machte Knickse an den Stellen, die der Text und die Traditionen der Bühne vorsahen.

„Soudain il me refait une autre révérence;
Moi, j'en refais de même une autre en fleissige; Et lui,
d'une troisième aussitôt repartant, D'une troisième
aussi j'y repars à l'instant."

Sie führte jedes Detail des Bühnengeschäfts ernsthaft und gewissenhaft aus und gab sich Mühe, eine perfekte Wiedergabe zu liefern. Ihre Posen, von denen einige beunruhigend waren und einen Rock erforderten, um sie zu erklären, waren fast alle hübsch, während alle interessant waren, insofern sie die festen Muskeln unter der weichen Hülle eines jungen Körpers hervorhoben und sichtbar machten Jede Bewegung weist Entsprechungen und Harmonien auf, die normalerweise nicht beobachtet werden.

Indem sie ihre Nacktheit mit der Angemessenheit ihrer Haltungen und der Unbefangenheit ihrer Ausdrücke bekleidete, war sie durch bloßen Zufall und Laune die Verkörperung eines Juwels der Kunst, einer Allegorie der Unschuld im Stil von Allegrain oder Clodion. Und die großen Zeilen der Komödie erklangen mit köstlicher Reinheit aus dieser lebendigen Figur. Robert, der wider Willen fasziniert war , ließ sie bis zum Ende weitermachen. Was ihn vor allem unterhielt, war, dass ihm das öffentlichste aller Dinge, eine Bühnenszene, auf so private und geheime Weise präsentiert wurde. Und während er die zeremoniellen Handlungen dieses Mädchens in all ihrer Nacktheit beobachtete, schwelgte er gleichzeitig in dem philosophischen Vergnügen, herauszufinden, wie Würde in den besten Gesellschaftskreisen erzeugt wird.

> „Il passe, vient, repasse et toujours de plus belle
> Me fait à chaque fois une révérence nouvelle,Et moi
> qui tous ses touren fixement Considerais,Nouvelle
> révérence aussi je lui rendais…“

Unterdessen bewunderte sie im Spiegel ihre frisch entstandenen Brüste, ihre geschmeidige Taille, ihre ein wenig schlanken, runden und spitz zulaufenden Arme und ihre glatten, schönen Knie; und als sie sah, dass dies alles der hohen Kunst der Komödie unterworfen war, wurde sie lebhaft und erhaben; eine leichte Röte, wie Rouge, färbte ihre Wangen.

> „Wenn ich an diesem Punkt der Nacht nicht am
> Veranstaltungsort bin, werde
> ich Ihnen sagen, dass ich nicht aufhören werde, die
> Langeweile zu empfangen. Ich schätze, es ist weniger
> höflich, dass ich …“

Er rief ihr vom Bett aus zu, wo er auf dem Ellenbogen lag.

"Komm jetzt!"

Daraufhin rief sie voller Lebhaftigkeit und mit erhöhter Farbe:

„Glaubst du nicht, dass ich dich auch liebe!“

Sie warf sich neben ihren Geliebten. Geschmeidig und völlig ergeben warf sie ihren Kopf zurück und bot ihm zum Küssen ihre von schattigen Wimpern verschleierten Augen und ihre halb geöffneten Lippen an, aus denen ein feuchter weißer Strahl schimmerte.

Plötzlich ging sie auf die Knie. Ihre starrenden Augen waren voller unaussprechlicher Angst. Ein heiserer Schrei entrang sich ihrer Kehle, gefolgt von einem Klagelaut, der so lang und sanft war wie ein Orgelton. Sie drehte den Kopf und zeigte auf das weiße Fell, das am Fußende des Bettes ausgebreitet war.

„Da! Da! Er liegt da wie ein kauernder Hund, mit einem Loch im Kopf. Er schaut mich an, aus seinem Mundwinkel rinnt das Blut."

Ihre weit aufgerissenen Augen zeigten das Weiße. Ihr Körper streckte sich wie ein Bogen nach hinten, und als er seine Geschmeidigkeit wiedererlangt hatte, fiel sie wie tot.

Er badete ihre Schläfen mit kaltem Wasser und brachte sie wieder zu Bewusstsein. Mit kindlicher Stimme wimmerte sie, dass jedes Gelenk ihres Körpers gebrochen sei. Als sie ein brennendes Gefühl in der Handfläche verspürte, schaute sie hin und sah, dass die Handfläche verletzt war und blutete.

Sie sagte:

„Es sind meine Nägel, sie sind in meine Hand gegangen. Seht, meine Nägel sind voller Blut!"

Sie dankte ihm zärtlich für seine Dienste und entschuldigte sich liebevoll dafür, dass er ihm so viel Ärger bereitet hatte.

„Du bist doch nicht deswegen gekommen, oder?"

Sie versuchte zu lächeln und sah sich um.

"Es ist schön hier."

Ihr Blick begegnete dem Aufruf zur Probe, der offen auf dem Nachttisch lag, und sie seufzte:

„Was nützt es mir, eine großartige Schauspielerin zu sein, wenn ich nicht glücklich bin?"

Ohne es zu merken, wiederholte sie Wort für Wort, was Chevalier gesagt hatte, als sie seine Annäherungsversuche zurückwies.

Dann erhob sie ihren noch immer benommenen Kopf aus dem Kissen, in dem er begraben gelegen hatte, richtete ihre traurigen Augen auf ihren Geliebten und sagte resigniert zu ihm:

„Wir beide haben uns tatsächlich geliebt. Es ist vorbei. Wir werden nie wieder zueinander gehören; nein, niemals. Er verbietet es!"

DAS ENDE